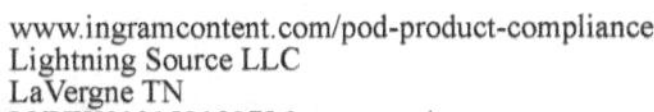

# فکری مزاحمت کے پہلو

اشعر نجمی

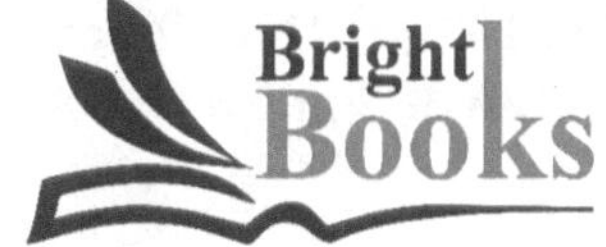

© Ashar Najmi

**Fikri Mazahmat Ke Pahlu**
by Ashar Najmi
Bright Books, Thane, India
1st Edition : October 2024
ISBN: 978-81-981294-4-4

Mira Road East, Dist. Thane, India
nidabattiwala@gmail.com

# فہرست

# نئی فسطائیت کا ظہور

میڈیلین البرائٹ

ترجمہ: شوذب عسکری

میڈیلین البرائٹ امریکی سیاستدان اور سفارتکار ہیں۔ وہ پہلی خاتون امریکی سیکرٹری کے عہدے پر متمکن رہیں۔ ان کی کتاب Fascisim: A Warning سے تلخیص شدہ اس مضمون میں دنیا کے مختلف خطوں میں فسطائی علامات کی حامل حکومتوں کی نشاندہی کی گئی ہے۔ وہ کہتی ہیں کہ پاپولسٹ سیاسی جمہوریتوں اور فسطائی حکومتوں کے مابین بہت باریک فرق ہوتا ہے۔ ان دونوں نظاموں کے مابین قربت آسان ہوتی ہے۔ فسطائی حکومت کا قیام مشکل بھی ہوسکتا ہے اور یہ کسی ایک برے واقعے یا بحران کے نتیجے میں ایک دم بھی وجود میں آسکتی ہے۔ وہ واقعاتی حوالوں کی بنا پر دو ایسے ممالک کی نشاندہی کرتی ہیں جو فسطائی نظم ریاست سے قریب تر ہیں۔ وہ اسی ضمن میں امریکی حکومت کا بھی جائزہ لیتی ہیں کہ آیا موجودہ امریکی حکومت فسطائی نفسیات کی حامل ہے یا نہیں؟ وہ دنیا کو محتاط رہنے کی نصیحت کرتی ہیں کہ کہیں بھی اگر جمہوریت کو چیلنج کیا جائے تو ہمیں اس کا تحفظ کرنا چاہیے۔

ہم میں سے اکثریت کے لیے فسطائیت ایک اصطلاح ہے جو تاریخ کی کتابوں میں موجود ہے۔ اس کا نام سنتے ہی ہمارے دھیان میں ہٹلر اور مسولینی کی بلیک اینڈ وائٹ تصاویر آنے لگیں گی۔ ہمیں بھول چکے ہوئے ماضی کی یاد دلائیں گی۔ وہ ماضی جس میں دنیا کی جمہوریتیں ابھی بچپنے کے عہد میں تھیں اور کمزور تھیں۔ تاہم حقیقت یہ ہے کہ آج کی دنیا میں بہت سی حکومتیں جمہوریت مخالف رویوں کا مظاہرہ کر رہی ہیں اگر چہ وہ اعلانیہ طور پر فاشسٹ نہیں ہیں۔ جنوبی امریکہ سے لے کر یورپ تک بہت سے ممالک نے یہ وجوہات فراہم کی ہیں کہ وہاں

فکری مزاحمت کے پہلو

5

جمہوریت کی صورتحال کے متعلق فکر مند ہوا جائے۔اس مضمون میں وضاحت کی گئی ہے کہ کس طرح وہ ریاستیں جو ایک زمانے میں مستند جمہوریتیں ہوا کرتی تھیں، آج فسطائی حکومتوں کا روپ دھار چکی ہیں اور کیا ایسی کسی صورتحال کا خطرہ ریاست ہائے متحدہ امریکا کو بھی درپیش ہوسکتا ہے جس کا دعویٰ ہے کہ وہ دنیا بھر کے آزاد لوگوں کا گھر ہے۔ تاریخی اور معاصر امثال کی مدد سے یہ جانا جاسکتا ہے کہ فسطائیت کیا ہے اور یہ کس طرح مضبوط ہوتی ہے۔

بنیتو مسولینی،اٹلی کے فاشسٹ رہنما نے ایک بار کہا تھا کہ طاقت اختیار کرنے کا عمل ایک زندہ مرغی کے پر نوچنے جیسا ہونا چاہیے،آہستگی سے اور خاموشی سے، ایک ایک کر کے، ایسا کہ کام بھی ہو جائے اور کسی اور کو کانوں کان خبر بھی نہ ہو۔

فاشسٹ ایک ہی بار میں کی گئی بغاوت کے نتیجے میں حکومت قائم نہیں کرتے بلکہ وہ آہستہ آہستہ جمہوریت کے طرز میں طاقت حاصل کرتے ہیں۔ایسی ہی ایک مثال ایڈ ولف ہٹلر کی ہے جس نے جمہوریت اور غیر آئینی دونوں طریقوں کا استعمال کر کے اختیار حاصل کیا۔جنوبی جرمنی کے علاقے باوار یا میں ایک ناکام بغاوت کے بعد اس نے حکومت حاصل کرنے کا وہ عمل انجام دیا جسے آئینی عمل کہا جاتا ہے۔ جہاں اس نے خود کو انتخابی کامیابیاں دلائیں اور آخرکار اپنے آپ کو جرمنی کا چانسلر بنوانے میں کامیاب ہوگیا۔ جہاں اس نے ریاستی ادارے معطل کر دیے۔مقامی سیاسی عمل کو بند کر دیا۔اپنے سیاسی مخالفین کو دھمکایا۔غیر وفادار سرکاری ملازمین سے جان چھڑائی اور ایک مطلق العنان حکومت قائم کر لی۔

رجب طیب ایردوان،ترک رہنما نے اپنی طاقت آہستہ آہستہ مضبوط کی۔سال 2002ء میں وہ ایک جمہوری انتخاب کے نتیجے میں حکومت میں آئے اور آہستہ آہستہ ان تمام اداروں کو معطل کر دیا جو ان کی حکومت کی نگرانی پر مامور تھے۔سینکڑوں فوجی افسران اور سپاہی بغاوت کی منصوبہ بندی کرنے پر گرفتار کیے گئے۔ان میں کچھ واقعی بغاوت میں شریک تھے اور بعض محض اس الزام میں دھر لیے گئے۔ان کی حکومت نے ان میڈیا گروپس کو قومیا لیا جو ان کی حکومت کے حمایت نہیں کر رہے تھے اور قانون سازی نے انھیں اختیار دیا کہ وہ عدلیہ میں اپنے وفادار ججوں کو تعینات کر سکیں۔سال 2016ء میں ایک حقیقی بغاوت کو ناکام بناتے ہوئے انھوں نے ملک میں ایمرجنسی نافذ کی اور اس دوران سیاسی مخالفین اور صحافیوں کو گرفتار کیا گیا۔انھوں نے ایک ریفرنڈم کروایا اور اس کے نتیجے میں انھیں مکمل اختیار مل گیا کہ وہ اپنے حکم کے ذریعے قانون تشکیل دے سکیں۔انھوں نے گرفتاریوں کا حکم جاری کیا اور گرفتار شدگان کو انصاف کی فراہمی سے محروم رکھا۔قدم بہ قدم آہستہ آہستہ، پہلا انتخاب جیتنے کے بعد ایردوان نے اپنی طاقت کو مضبوط کیا اور ریاستی اداروں کو کمزور کر دیا۔

فسطائیت آہستہ آہستہ طاقتور ہوتی ہے اور اس کی کانوں کان خبر نہیں ہوتی۔ جب لوگ اس کے متعلق آگاہ ہوتے ہیں تو یہ اس قدر طاقتور ہو چکی ہوتی ہے کہ اس کی راہ میں رکاوٹ ممکن نہیں رہتی۔اس معاملے کے بہتر فہم کے لیے نازی جرمنی کی مثال دیکھتے ہیں جو اس کا عملی نمونہ تھی۔ہٹلر نے طاقت حاصل کرنے کے لیے جرمن

شہریوں کے غصے کو اپنے مقاصد کے لیے استعمال کیا۔

انیسویں صدی کی تیسری دہائی میں یورپ ایک بحران سے گزر رہا تھا اور جرمنی اس کی بدترین صورت تھی۔ ملک کو پہلی جنگ عظیم میں شکست ہوئی تھی اور اس کے بہت سے شہری خود کو شکست خوردہ محسوس کر رہے تھے۔ انھی کے درمیان ایک جوان سابقہ سپاہی ہٹلر بھی تھا۔ جنگ کے دوران گیس کے ایک حملے میں اس کی بینائی چلی گئی تھی۔ اگرچہ نومبر 1918ء میں اس کی بینائی لوٹ آئی تھی اور یہ لمحہ اس کے لیے بہت سکون آمیز تھا۔ اس نے دیکھا کہ ملک تباہ ہو چکا ہے اور جنگ جیتنے والوں نے اس کے ملک پر جنگ کا بے شمار جرمانہ عائد کر دیا ہے۔ اس کے ساتھ ساتھ ملک کے زمینی علاقے پر غیر ملکیوں کا قبضہ جوان سال ہٹلر کے لیے تکلیف دہ اور شرمناک تھا۔ بہت سے جرمنوں کے نزدیک ان کے ساتھ دھوکہ کیا گیا تھا اور ایسا کرنے والے بولشیوک انقلابی، بیوروکریٹ اور بینکرز تھے۔ سب سے بڑھ کر اس کے ذمہ دار یہودی تھے۔

ایک دہائی بعد ہٹلر ایک سحر افسوں سیاسی مقرر بن چکا تھا۔ تاہم اس کی سیاسی جماعت نیشنل سوشلسٹ ورکرز پارٹی، نازی، ابھی ایک چھوٹی سیاسی جماعت تھی۔ پھر عالمی معاشی بحران آن پہنچا۔ اس وقت تک جرمنی ابھی جنگ کا جرمانہ ادا کر رہا تھا اور اس کے لیے اس کا انحصار دیگر ممالک سے لیا جانے والا قرض تھا۔ تاہم یک لخت رقم کی آمد کا سلسلہ ختم ہو گیا۔ برآمدات رک گئیں۔ فیکٹریوں کی پیداوار معطل ہو گئی۔ قیمتیں آسمان سے باتیں کرنے لگیں۔ دکانیں بند ہو گئیں اور بے روزگاری کا دور دورہ ہو گیا۔ ہٹلر نے اس افراتفری کو استعمال کیا اور متعلقہ جرمنوں کے ساتھ ایک جذباتی رشتہ قائم کیا۔ نجی محفلوں کے دوران اس نے دلائل دیے کہ بہت سے لوگ ایک ایک چیز پر یقین چاہتے ہیں، ایسا یقین جوان کے غصے کو مخاطب کر سکے۔ ان کے خوف کو کم کر سکے اور انہیں یہ مقصد دے سکے کہ وہ آگے بڑھیں۔

ہٹلر کے انقلابی پیغام نے ان ضروریات کو مخاطب کیا۔ اس نے دعویٰ کیا کہ وہ ایک عام شخص ہے جو اپنے ملک کے طاقتور دشمنوں کے خلاف اٹھ کھڑا ہونا چاہتا ہے۔ اس نے وعدہ کیا کہ وہ پدر وطن کی منازل طے کرنے میں رہنما بنے گا اور اس کے شہری ایک بار پھر سے عظیم بنیں گے۔ وہ خوش تھا کہ کس طرح اس کے دشمن اس کی تقاریر سے تنگ ہیں۔ ان کی بدنامی کے متعلق جان کر ہٹلر کے حامی بہت خوش تھے۔ اس نے اپنے حامیوں کو یقین دلایا کہ وہ ان کے لیے بہت فکرمند ہے۔ حتیٰ کہ جب واقعات نے ثابت کیا کہ ہٹلر کو اپنے حامیوں کی جان و مال کی کوئی پروا نہیں ہے۔ اس نے خود اعتراف کیا۔ خوشی سے بتایا کہ یہ زبردست جھوٹ، اور تمام جرمنوں کی تمام مشکلات ایک ایسے جملے میں سمٹ گئیں جو اُکسا دینے والا افسانہ تھا۔ اس نے کہا کہ اس کے سامنے دو ہی راستے ہیں یا تو آرین نسل کے لوگ جیتیں گے یا وہ شکست کھائیں گے اور یہودی جیت جائیں گے۔

یہ وہ بیانیہ تھا جس نے اس کی سیاسی تحریک کو شہ دی۔ ہٹلر اور نازی ازم دونوں ہی ظلم کے اعلیٰ مرتبے پہ فائز تھے۔ نسل پرستی اور جنون۔ تاہم فسطائیت خود کوئی استثنائی نظریہ نہیں ہے۔ فسطائیت کوئی ڈراؤنی چیز نہیں ہے



فکری مزاحمت کے پہلو

بلکہ یہ انسانی سماج کا عمومی چلن ہے جو بار بار پلٹ کر آتا ہے۔ جب ہم فسطائیت کے متعلق سوچتے ہیں تو ہمارے دماغ میں ہٹلر، مسولینی اور اسٹالن کی تصاویر گھومنے لگتی ہیں۔ تاہم حقیقت یہ ہے کہ فاشزم کی فصل ہمارے تخیل سے زیادہ تیز اُگتی ہے اور اس کی نموان علاقوں میں بھی ہوتی ہے جن کے متعلق ہم زیادہ سوچتے نہیں ہیں۔

آپ اسے برطانیہ میں بھی دیکھ سکتے ہیں جو ایک ایسا ملک ہے جس نے بیسویں صدی کے دوران آزادی کی لڑائی فخریہ طور پر لڑی۔ تاہم اس کی ایک اپنی فسطائی تحریک رہی ہے۔ سراوس والڈموزلے، ایک خالص برطانوی گورا جس کی موچھیں ہٹلر کے جیسی تھیں اور جنسی خواہش مسولینی کے جیسی تھی اس نے برٹش یونین آف فاشسٹ نامی تنظیم بنائی۔ ان کے نظریات فسطائیت کی نصابی کتاب سے اخذ شدہ تھے اس کا وعدہ تھا کہ وہ عوامی سرمایہ کاری کو فروغ دیں گے، معاشی تحفظ کی حکمت عملی اور غیر ملکیوں کے خلاف کارروائی چاہے وہ عبرانی زبان بولنے والے ہی کیوں نہ ہوں اور چاہے کسی خطے سے تعلق رکھتے ہوں۔ دیگر فاشسٹ رہنماؤں کی مانند موزلے نے اپنی ذاتی فوج بھرتی کی جن کی بھورے رنگ کی وردی نے انھیں بلیک شرٹس کا نام دیا اور گلی محلے میں ان کے احتجاجوں میں عوام کی بڑی تعداد شریک ہوئی۔ یہ بہت خوفناک تھا کہ ہٹلر کے جیسی بھوری شرٹس پہننے والوں نے ہمسایہ ممالک پر قبضہ کیا اور اسی موزلے کی جماعت قبولیت پانے سے محروم رہی۔

بہت سے ممالک نے ایسی تحریکوں کا مشاہدہ کیا ہے۔ بھارت میں، ہندو قوم پرستوں کو مسلمانوں کی موجودگی نے پریشان کیا اور وہ برطانوی راج کے خلاف غضب ناک ہوئے۔ انھوں نے ہٹلر اور مسولینی کے ساتھ ہمدردی دکھائی جن کے ممالک نے جنگ کے رستے پر قدم رکھے۔ اسپین، آئس لینڈ، رومانیہ، چیکوسلوا کیہ اور حتیٰ کہ امریکہ میں بھی فاشسٹ تحریکوں نے سر اٹھایا۔

فسطائیوں نے بار ہا بے روزگاری، تارکین وطن اور غیر اطمینان بخش سیاست کے خلاف غصے کے بل بوتے پر اقتدار حاصل کیا۔ مثال کے طور پر مسولینی نے اقتدار اس لیے حاصل کیا کیونکہ اس نے سمجھ لیا تھا کہ بہت سے اطالوی باشندے اپنے ملک کی موجودہ صورتحال پر خوش نہیں ہیں۔ اس نے تمام قوتوں کو یہ کہہ کر مسترد کیا کہ سرمایہ دارو ہ ہیں جو اطالوی شہریوں کا استحصال کرنا چاہتے ہیں، اور بولشیوک انقلابی ان کے سماج میں افراتفری پھیلانا چاہتے ہیں اور نظام کے حامی سیاستدان جو محض باتیں کرتے ہیں مگر کوئی مدد نہیں کرتے۔ اس نے وعدہ کیا کہ وہ گندگی کو صاف کرے گا، جب وہ حکومت میں آیا تو اس نے 53 ہزار سرکاری ملازمین نکال دیے۔

آج جب ہم دنیا پہ نگاہ دوڑاتے ہیں تو دیکھتے ہیں کہ بہت سے ایسے ممالک ہیں جہاں حکومتیں یا فسطائی نظام کے ساتھ محبت کی پینگیں بڑھاتی ہیں یا انھیں مکمل طور پر قبول کر چکی ہیں۔ ان میں دو کی مثالوں کو وضاحت سے دیکھتے ہیں۔ وینزویلا اور ہنگری دونوں ہی فسطائی نظام سے محبت کا اظہار کر رہے ہیں۔ آج کے دور میں چند حقیقی فاشسٹ ریاستیں موجود ہیں۔ تاہم مصنف کی رائے میں بہت سے ممالک ایسے ہیں جہاں دیکھنے سے اندازہ ہوتا ہے کہ عوامیت پسند سیاسی جمہوریتیں اور فاشسٹ حکومتوں میں تفریق بہت مدھم ہو چکی ہے۔


فکری مزاحمت کے پہلو

ونیز ویلا ایک مثال ہے۔ ہوگو شاویز نے 1998ء میں انتخاب جیتا تھا اور آئینی انتخابات میں ملک کا صدر منتخب ہوا تھا۔ اس نے ایسی حکومت کو شکست دی تھی جو لوگوں میں اپنی مقبولیت صریحاً کھو چکی تھی۔ اس نے وعدہ کیا تھا کہ وہ حکومت میں آکر مزدوروں اور مشکلات کے شکار خاندانوں کی معاونت کرے گا۔ لہٰذا انتخاب جیت کر اس نے تیل کی بڑھتی ہوئی آمدن کے سبب لوگوں کی زندگیاں بہتر بنانے کے لیے اقدامات کیے۔ کرشماتی شخصیت کے مالک شاویز نے اپنی ذاتی قابلیت اور کرشمے کو بے رحمی سے استعمال کیا۔ جب اس نے ونیز ویلا کی تیل کمپنی کو ہتھیانا چاہا تو اس نے محض احکامات جاری نہیں کیے بلکہ اس کمپنی کے مالکان کو بلایا کہ وہ اس کے ساتھ براہ راست ٹیلی ویژن پروگرام میں شامل ہوں اور پھر انھیں باری باری کرکے نوکری سے برخاست کر دیا۔ اس نے اپنے دشمنوں خاص طور پر ریاست ہائے متحدہ امریکا کے خلاف ذاتی طور پر احتجاجوں میں شرکت کی اور ٹیلی ویژن پر 9 گھنٹے تک بھی ان کے خلاف تقاریر کیں۔

شاویز کی حکومت کے دوران ونیز ویلا کے بہت سے شہریوں نے صحت کی بہتر سہولیات، اچھی تنخواہیں اور قومی تفاخر کے احساس کا لطف اٹھایا۔ وہ ہٹلر یا مسولینی نہیں تھا۔ لیکن اس کی کرشماتی شخصیت اور قومی سطح پر عوامیت پسندی سے یہ حقائق چھپ نہیں سکتے کہ اس کی حکومت نے ججز کو باہر نکال کے، سرکاری ملازمین کو نوکریوں سے برخاست کرکے اور اپنے مخالف احتجاجیوں کو کچلنے کے لیے ذاتی پولیس فورس تشکیل دے کر ریاستی اداروں کو کمزور کیا۔

اب شاویز کی وفات کے بعد ونیز ویلا ایک اور حکمران نکولس مادورو کی حکومت سہہ رہا ہے جو نہ تو شاویز کی مانند کرشماتی شخصیت کا مالک ہے اور نہ ہی اس کے پاس سال 2000ء کے جیسی تیل کی دولت ہے۔ دو مرتبہ معزول ہونے والے مادورو کی حکومت اب نیا ریاستی آئین تشکیل دے رہی ہے اور اپنے سیاسی مخالفین کا سرکچل رہی ہے۔ جنوبی امریکہ کی مانند یورپ کے عین دل میں دیگر رہنما لبرل جمہوریت کی حدود کی جانچ کر رہی ہیں۔

اس کی بڑی مثال ہنگری کے وکٹر اوربان ہیں۔ جمہوری طریقے سے منتخب ہونے والے اوربان نے بخوشی غیر لبرل جمہوریت دینے کا وعدہ کیا ہے۔ اس نے بے رحمی سے نسلی تفاخر کا اظہار کیا ہے۔ جنگ عظیم اول کے بعد کے اس معاہدے کو توڑنے کی بات کی ہے جس کے نتیجے میں ہنگری کے کچھ زمینی علاقے لیے گئے تھے اور تارکین وطن کے خلاف اقدامات کیے ہیں اور ما گیار خواتین (جو ہنگری النسل ہیں) سے کہا ہے کہ وہ زیادہ سے زیادہ بچے پیدا کریں۔ اسی اثنا میں اس نے اپنے انتظامی اختیارات میں اضافے کے لیے اپنی وزارت اور کرشماتی طاقت کا استعمال کیا ہے۔ وہ انتخابی ضابطے اور ملک کے آئینی نظام پر اپنی گرفت مضبوط کر رہا ہے۔ اوربان بہت حد تک ونیز ویلا کے شاویز کی مانند کھلم کھلا فسطائی نہیں ہے تاہم اس کی حکومت میں وہی نشانیاں موجود ہیں جنھیں ہم فسطائیت کی نشانیاں سمجھتے ہیں۔

جمہوریت کے محافظین کو جمہوریت کی نزاکت کے متعلق فکرمند ہونا چاہیے۔ وہ تمام لوگ جنھوں نے

اپنی زندگیوں میں دیوار برلن کو گرتے دیکھا ہے، انھیں وہ جوش یاد ہوگا جو اس دیوار کو گرتا دیکھنے والوں کے دلوں میں ابھرا تھا۔ یہ احساس تھا کہ جمہوریت اب باقی رہے گی۔ آج کے دور میں وہ جوش ماند پڑتا جا رہا ہے۔

آج کل جمہوریت کے متبادل کی تلاش میں تجسس بڑھتا جا رہا ہے۔ اکانومسٹ کے جمہوری انڈیکس میں جو دنیا بھر میں جمہوری ممالک میں جمہوریت کی صحت کی جانچ چند اشاریوں کے ذریعے کرتا ہے جس میں قانون سازی کا عمل اور مذہبی آزادیوں کی فراہمی شامل ہے، نے اپنی حالیہ رپورٹ میں دنیا کے 70 ممالک میں جمہوریت کی صورتحال کو پریشان کن قرار دیا ہے۔ عالمی جائزے کے نتیجے میں یہ نتائج سامنے آئے ہیں کہ اگرچہ دنیا کے لوگوں کی اکثریت نمائندہ جمہوریت کو پسند کرتی ہے تا ہم ہر 4 میں سے ایک آدمی یہ سمجھتا ہے کہ حکمرانی کے لیے منتخب ہونے والے رہنما کے لیے پارلیمان اور عدلیہ کی منشا سے حکومت کرنا درست امر نہیں ہے۔ ہر 5 میں سے ایک شخص فوجی حکمرانی کا قائل ہے۔

اگرچہ آج دنیا میں معیشت کی حالت اس قدر بری نہیں ہے جس قدر جنگ عظیم اول کے بعد صورتحال تھی تا ہم یہ کوئی مثالی صورت بھی نہیں ہے۔ یورپ میں ہر 4 میں سے ایک نوجوان بے روزگار ہے اور تارکین وطن میں یہ صورتحال مزید ابتر ہے۔ ایک کامیاب پی ایچ ڈی طالب علم کا اندازہ لگا ئیے، اگر وہ آخر کار ایک ڈیلوری ڈرائیور بن جائے یا ہائی سکول کے درجے کے دوران تعلیم چھوڑ دینے والے کسی فرد کا اندازہ لگا ئیے جسے ملازمت نہیں ملی۔ یہ یقین کیا جا سکتا ہے کہ ان کا ایمان جمہوری نظام پر کمزور پڑ گیا ہوگا۔

تکنیکی کامیابیوں کے بھی اپنے اثرات ہیں۔ روایتی شعبہ جات مثلاً بنک کیشئر، درزی، صحافی یا ٹیکسی ڈرائیور، ٹیکنالوجی کی آمد سے اپنے آپ کو غیر متعلق سمجھنے لگے ہیں۔ کچھ ممالک میں معاشی صورتحال اس قدر بدترین ہے جس طرح دونوں عالمی جنگوں کا وسطی زمانہ آج سے 100 سال پہلے تکلیف دہ تھا۔ اسی اثنا میں ٹیکنالوجی نے عوام اور سیاستدان کے درمیان اعتماد کو کمزور کر دیا ہے۔ جھوٹی معلومات کوئی نئی بات نہیں ہے۔ امریکی جنگ آزادی کے دوران بنیامین فرینکلن نے حکم دیا کہ امریکی پریس برطانوی مظالم کے متعلق جھوٹی خبریں شائع کرے۔ تاہم سوشل میڈیا نے اس صورتحال کو مفت اور آسان کر دیا ہے۔ اب اپنے وسیع قارئین کے لیے جھوٹی خبریں دینا ایک نہایت آسان عمل بن چکا ہے۔ کسی کافی شاپ میں بیٹھ کر فیس بک اسکرول کر کے کوئی کس طرح یہ جانچ کر سکتا کہ ہے آنے والی خبر سچ ہے یا جھوٹ۔ یہ کسی معتبر صحافی نے خبر دی ہے یا کوئی سازشی شخص جو محض لوگوں کو دھوکہ دے رہا ہے۔ یا یہ کسی غیر ملکی طاقت کی شاخسانہ ہے۔ یا ایسے ہی انٹرنیٹ پہ آئی کوئی بے معنی پوسٹ ہے۔

معاشی حالات کی غیر یقینی اور نا اہل سیاستدانوں کی جانب سے مسائل کے حل کے لیے دی گئی پالیسی پر غیر یقینی جیسے عوامل نے جمہوریت پر عوام کی عدم اعتمادی کو فروغ دیا ہے۔ اس کے نتیجے میں فسطائیت کے لیے موزوں زمین تیار ہو رہی ہے۔ یہی وجہ ہے کہ ڈونلڈ ٹرمپ نے انتخابات میں جیت حاصل کر لی تھی۔ ڈونلڈ ٹرمپ کا رویہ اور بیانیہ دنیا بھر میں فسطائیت اور با اثر مردوں کی حکمرانی کے لیے موزوں صورتحال تشکیل دے رہا ہے۔ یہ

فکری مزاحمت کے پہلو

تصور کہ ریاست ہائے متحدہ امریکا دنیا بھر میں آزادی امید اور جمہوریت کا علمبردار ہے یہ حقائق ملکی تاریخ میں پس منظر میں جاتے ہوئے دکھائی دے رہے ہیں۔ تاہم جیسا کہ مصنف نے وضاحت کی ہے کہ اپنے پیش رو صدور کے برعکس ڈونلڈ ٹرمپ نے اس عظیم روایت کو توڑا ہے اور غیر منتخب آمریتوں کی تعریفیں زیادہ کی ہیں۔

فلپائن کے صدر رودریگو دوترتے کی مثال ملاحظہ کیجیے جو اپنی شوٹ فرسٹ حکمت عملی کے سبب دنیا بھر میں بدنام ہیں۔ ان کے دور حکومت میں عوام اور قانون نافذ کرنے والے ادارے دونوں ہی منشیات کے تاجروں کو دیکھتے ہی گولی مارنے کے رویے کی حوصلہ افزائی کر رہے ہیں۔ اس صورتحال کے سبب 10 ہزار سے زائد لوگ بغیر آئینی کارروائی کے قتل کیے جا چکے ہیں۔ ان میں اکثر دیہاتوں میں رہنے والے غریب افراد تھے۔ لوگوں کا قتل عام اس قدر زیادہ ہوا ہے کہ دوترتے خود مزاحاً یہ کہتا ہے کہ عوام کو چاہیے کہ اب جنازے اور کفن دفن کے کاروبار میں پیسہ لگائیں کیونکہ اس کاروبار میں بہت بچت ہے۔ اس نے یہ بھی اعلان کیا ہے کہ جو پولیس افسران غیر آئینی طریقے سے قتل و غارت کر رہے ہیں انھیں اس کی معافی ملنی چاہیے۔ اس نے اعلان کیا کہ وہ ان لوگوں کے لیے عام معافی کا اعلان کرے گا۔ ڈونلڈ ٹرمپ نے اس آدمی کو اپنا دوست کہتے ہوئے دعوت دی اور دوترتے کی تعریف کرتے ہوئے کہا کہ اس نے ایک غیر ممکنہ کام کا انجام دیا ہے۔

دوترتے کی مثال کوئی ایک نہیں ہے۔ ٹرمپ دنیا بھر میں استبدادی حکمرانوں کی تعریف میں بہت آگے تک چلے گئے ہیں، چاہے وہ روس ہو یا مصر یا بحرین۔ حتیٰ کہ ٹرمپ کے لیے صدام حسین بھی لائق تعریف تھا۔ کیونکہ اس نے بھی دہشت گردوں کو بغیر کسی قانونی کارروائی کے قتل کروایا تھا۔ اسی اثنا میں صدر ٹرمپ نے امریکہ کے روایتی حلیف ممالک کے ساتھ بھی دلائل کے تبادلے میں تندی دکھائی ہے، چاہے وہ جرمنی ہو یا میکسیکو یا جنوبی کوریا، آخر الذکر شمالی کوریا کے خلاف نیوکلیئر دفاع کے لیے امریکی امداد پر انحصار کرتا ہے۔ اور ٹرمپ کی جانب سے خود امریکی اداروں پر تنقید دنیا بھر کے جمہور دشمن حکمرانوں کے لیے شہ کا باعث بنی ہے۔

حکومتی محکموں پر ٹرمپ کی جانب سے کی جانے والی تنقید کو عالمی میڈیا میں وسیع جگہ ملتی ہے۔ جب ٹرمپ کی پریس کانفرنس کے دوران ان رپورٹرز کو نکال دیا گیا جن کا تعلق ایسے میڈیا گروپ سے تھا جنہیں ٹرمپ پسند نہیں کرتے تو اسی دن کمبوڈیا کی حکومت نے اپنے ملک میں کام کرنے والے امریکی رپورٹرز کو ملک چھوڑنے کی دھمکی دی۔ کمبوڈیا کے دفتر خارجہ کے ترجمان نے کہا کہ وائٹ ہاؤس کے اقدامات کے بعد یہ واضح ہو گیا ہے کہ ان صحافیوں پر اعتماد کرنا بے وقوفی شمار ہوگا اور یہ بھی کہ آزادی اظہار رائے کے قانون کو حکومتی اقدامات اور طاقت میں مزاحم نہیں ہونا چاہیے۔

اس صورتحال میں چینی کمیونسٹ پارٹی کی جانب سے یہ بیان آیا ہے کہ ٹرمپ کی جانب سے میڈیا اداروں کو جانبدار اور جھوٹی خبروں کی نشر و اشاعت کرنے والا کہنے سے اس خیال کو تقویت ملتی ہے کہ یہ چینل جب چین پر الزام لگاتے ہیں تو ہم انھیں نظر انداز کریں۔ مختصر بات یہ ہے کہ ٹرمپ کے اقدامات سے دنیا بھر میں فکری مزاحمت کے پہلو

11

عواميت پسند حکمرانوں کو شہ مل رہی ہے۔تو کس طرح کا ردِعمل صدرٹرمپ امریکہ میں دکھار ہے ہیں۔

ٹرمپ کا یہ بیانیہ کہ وہ متاثرہ فریق ہیں اورقومی احیاء اس قدر لازم ہے کہ ہماری توجہ فاشسٹ تحریک پہ رہنی چاہیے۔فاشسٹ تحریکوں نے اشتمالیت اور سرمایہ داری نظام کے خلاف اور اندرون اور بیرون ملک موجود دشمنوں کے خلاف ہمیشہ مطالبات کے دوران پہرا اٹھایا ہے چاہے وہ کسی مذہبی گروہ کی جانب سے ہوں یا کسی نسلی گروہ کی جانب سے ہوں۔

متاثرہ فریق کیسے ہوتے ہیں وہ سب اس امر سے آگاہ ہوں گے جنھوں نے صدرٹرمپ کی تقاریر سن رکھی ہیں۔ٹرمپ کی امریکہ سے متعلق وہ تصویر جس میں وہ متاثرہ لگتا ہے اس کی بہت ہی مختصر شکل پیش کرتی ہے۔ سال 2018ء میں صدرٹرمپ نے پنسلوانیا میں تقریر کرتے ہوئے وہی پرانی کہانی دہرائی کہ سالہا سال سے امریکی شہری اپنی نوکریوں کی چوری دیکھ رہے ہیں۔فیکٹریاں بند پڑی ہیں اورنوکریاں امریکہ سے نکال کر دنیا کے دیگر خطوں میں منتقل کردی گئی ہیں۔ریاست ہائے متحدہ امریکہ دنیا بھر کو اربوں ڈالر مہیا کرتا ہے اور ہمارے اپنے ملک میں چوروں کا ایک گروہ ہماری دولت کو لوٹ کر کھا رہا ہے۔

ایک ناقد یہ اعتراض کرتا ہے کہ گزشتہ چند سالوں کے دوران پنسلوانیا میں ملازمتوں کے حجم میں اضافہ ہوا ہے اور اس ریاست میں ایکسپورٹ ٹریڈ کی مقدار بڑھنے سے دو لاکھ ملازمتیں پیدا ہوئی ہیں۔تاہم ٹرمپ کی عادت ہے کہ وہ نہایت سطحی اورقوم پرستانہ نعرے بازی سے ناامیدی پھیلاتے ہیں اوران لوگوں کو مخاطب کرتے ہیں جو پہلے ہی زندگی سے لاتعلق ہیں۔اس توہمانہ مظلومیت کو ختم کرنے کے لیے ٹرمپ نے 'سب سے پہلے امریکا(America First)' کا نعرہ دیا۔اس نعرے کی باقاعدہ ایک تاریخ ہے،اوراس کے ساتھ جدید دور کی تاریخ کی ایک تکلیف دہ حقیقت چھپی ہوئی ہے۔

1940ء میں امریکا فرسٹ کمیٹی نے بہت سے ایسے افراد کو اکٹھا کیا جو جنگ میں امریکی شمولیت کے حامی نہیں تھے اور نازیوں کے ہمدرد تھے۔اس تحریک کے حامی حکومت کے خلاف احتجاج میں شریک ہوئے اور وہ امریکہ کو اس جنگ میں شامل ہونے سے روک رہے تھے۔اس تحریک میں اس وقت جان پڑی جب دنیا کے مشہور ترین امریکی پائیلٹ چارلس لنڈ برگ نے اس میں شمولیت اختیار کی۔اس نے کہا کہ اسے خوف ہے کہ امریکہ کے یہودی اپنے اثر ورسوخ کے بل بوتے پر امریکہ کو جنگ میں دھکیل رہے ہیں۔اس وقت سے یہ نعرہ اخلاقی بزدلی کی یاد دلاتا ہے۔

جدید زمانے میں ایسا نعرہ بے معنی ہے۔کوئی بھی مشکل چاہے وہ معاشی ہو یا فوجی،اس کے خلاف اکیلے کامیابی حاصل نہیں ہوسکتی۔اس طرح کے نعرے بزدلی کو ظاہر کرتے ہیں۔پیانگ یانگ کو ایٹمی ہتھیار کیوں تعمیر نہیں کرنے چاہئیں؟ظاہر ہے کہ اس کے نتیجے میں شمالی کوریا اپنے مفادات محفوظ بنا رہا ہے۔پیوٹن کو کریمیا پر قبضہ کیوں نہ کرنا چاہیے تھا، وہ بھی تو روس ہی کو سب سے پہلے رکھ رہے تھے۔ٹرمپ کا یہ نعرہ دنیا بھر کی مطلق العنان ریاستوں کو



فکری مزاحمت کے پہلو

یہ حق دیتا ہے کہ وہ جو چاہیں کریں۔ ریاست ہائے متحدہ امریکہ سرِ دست فسطائیت کا سامنا نہیں کر رہا۔ صدر ٹرمپ ممکنہ طور پر جمہوریت مخالف رویہ رکھتے ہوں اور انھیں مطلق العنان حکومت پسند ہو، تا ہم ابھی تک امریکہ میں جمہوری ادارے مضبوطی سے قائم ہیں۔ لیکن یاد رکھیے فسطائیت ہمارے اوپر قدم بہ قدم رینگ رہی ہے۔

ایسے حالات کا تصور کوئی مشکل نہیں ہے جن کے اندر فسطائیت جڑیں پکڑتی ہے۔ ذرا تصور کیجیے، امریکا پر تاریخ کا بدترین دہشتگردانہ حملہ ہوتا ہے اور اس میں ہزاروں جانیں جاتی ہیں۔ امریکہ میں موجود مسلم گروہ اس کی ذمہ داری قبول کرتے ہیں۔ ششدر امریکی صدر اپنے شہریوں کو اعتماد میں لیتا ہے اور یہ اپیل کرتا ہے کہ وہ پر امن رہیں اور ایسی سوچ کو مسترد کر دیں جو امریکی مسلمانوں کو مرکزی دھارے سے باہر کرنے کی بات کرتی ہو۔ اس دوران کچھ حملے مزید ہوتے ہیں اور ایک کم عمر بھڑکیلا مقرر اٹھ کھڑا ہوتا ہے اور سوشل میڈیا اور خبروں میں ظاہر ہوتا ہے۔ وہ سیاسی انتظامیہ کو کمزوری دکھانے پر ذمہ دار ٹھہراتا ہے۔ وہ ایک انقلابی تحریک شروع کرنے کی آواز اٹھاتا ہے تا کہ سیاسی انتظامیہ کا زور توڑا جائے اور دہشتگردوں کو ختم کیا جائے اور امریکہ کو ایک بار پھر سے عظیم بنایا جائے۔ جلد ہی اس کے ہزاروں چاہنے والے ہوں گے اور ان کی تعداد لاکھوں تک پہنچ جائے گی۔

امریکیوں کو ہیجان انگیزی کے خلاف مضبوط ہونا ہوگا۔ فسطائیت ایک حقیقت ہے اگرچہ اس وقت وہ ممکنہ طور پر زیادہ مضبوط نہیں ہے۔

جارج ٹاؤن یونیورسٹی میں گریجویٹ جماعت میں سوال اٹھانے پر ایک طالب علم جلدی سے کھڑا ہوا اور کہنے لگا، فسطائیت ایک حقیقت ہے اور یہ یقیناً زور پکڑ سکتی ہے کیونکہ ہمیں یقین ہے کہ ایسا نہیں ہو سکتا۔ اس نے دلیل دی کہ امریکیوں کا اپنے اداروں اور اخلاقیات پہ یقین کرنے کا مطلب ہے کہ لوگ ان کے خاتمے کو با آسانی نظر انداز کر دیں گے۔ لوگوں کو لگے گا کہ کوئی بہت زیادہ دیر نہیں ہوگی اور معاملات جلد ہی بہتر ہو جائیں گے۔ ایک ایسی ہیجان انگیز صورت سے بچاؤ کے لیے کہ جہاں فسطائیت کی ثقافت مضبوط ہو سکتی ہو امریکیوں کے لیے لازم ہے کہ وہ ایک دوسرے سے باہم مربوط رہیں۔

موجودہ دور میں امریکی افسوس ناک حد تک غیر متحد ہیں۔ چند دہائیاں پہلے تک ہر امریکی شام کو ایک ہی ٹی وی شو دیکھتا تھا اور صبح کے وقت ایک ہی جیسے اخبارات پڑھتا تھا، لائف، ٹائم، رولنگ اسٹون یا نیوز ویک۔ لوگوں کے خیالات مختلف ہو سکتے تھے مگر ان کی بنیاد ایک ہی ہوا کرتی تھی۔ آج لوگ اپنے اپنے میڈیا چینل کے بنائے ہوئے ببلبے میں رہتے ہیں جو ان کی شکایات کو سلجھانے کی بجائے مزید ہوا دیتے ہیں۔ لوگ اپنے سیاسی مخالفین کے دلائل سننے کے لیے تیار نہیں ہیں۔ ایسا تصور مشکل نہیں ہے کہ وہ ایک واقعہ چاہے وہ معاشی بحران ہو یا کوئی دہشتگردی ہو یا کوئی قتل، یہ ایسی صورتِ حال کو جنم دے سکتا ہے کہ جہاں لوگ جمہوریت سے متنفر ہو کر فاشزم کی جانب پھر جائیں۔

فسطائیت کوئی گمراہی یا غیر عمومی معاملہ نہیں ہے بلکہ یہ سیاسی تاریخ کا ایک ایسا معاملہ ہے جو بار بار اس



فکری مزاحمت کے پہلو

سے پہلے رونما ہو چکا ہے ۔اسے روکنا یا اس کی راہ میں رکاوٹ ڈالنا اس لیے مشکل ہے کہ یہ آہستہ آہستہ پروان چڑھتا ہے اور اس کے متعلق اس وقت علم ہوتا ہے جب یہ ہو چکا ہو۔اس کے وجود پانے کی وجوہات شکایات، تقسیمات،اور سیاسی عمل سے غیر اطمینانی ہیں اور اس کا خطرہ اس وقت دنیا کے بہت سے معاشروں کو لاحق ہے ۔ لہٰذا ہمیں ہوشیار اور خبردار رہنا ہوگا کہ جب کوئی جمہوریت کو چیلنج کرے تو ہم اس کا تحفظ کر سکیں ۔

[بشکریہ 'تجزیات آن لائن'، 27 مارچ 2023]

# فسطائیت کا مستقبل (انٹرویو)

کارلو گنز برگ/ جوزف کنفا وریکس

ترجمہ: محمد فرقان عالم

یہ انٹرویو اولاً 'Mediapart' میں 20 ستمبر 2022 کو فرینچ میں *Le fascisme a un futur* کے عنوان سے شائع ہوا، اس کا ترجمہ 'versobooks' کے لیے David Fernbach نے انگریزی میں کیا اور 4 نومبر 2022 کو اسے شائع کیا گیا۔ یہ گفتگو اٹلی کے انتخاب میں دُائیں بازوؔ کی جیور جیا میلونی (Georgia Meloni) کی سبقت اور جیت کے پس منظر پر مشتمل ہے، اس میں تاریخ، تاریخ نگاری اور مقبول تاریخ جیسے مسائل پر سنجیدگی کے ساتھ غور و فکر کی کوشش کی گئی ہے۔

کارلو گنز برگ (Carlo Ginzburg) ہمارے دور کے 'لیونگ لیجینڈ' ہیں، اپنے مطالعہ کے ذریعہ انھوں نے مسلسل تاریخ کے موضوع کی عصری معنویت کو ثابت کیا ہے، ان کی کتاب 'The Cheese and The Worms' کو تاریخی مطالعہ کی دنیا میں 'cult' کی حیثیت حاصل ہے۔ 'مختصر تاریخ' یا 'مائیکرو ہسٹری' کی عمدہ مثال پیش کرتی اس کتاب میں یہ واضح کیا گیا ہے کہ کس طرح پہلے سے منصوبہ بند ہمارے وسیع علمیاتی تصورات، حاشیائی طبقہ کے افراد/ برادریوں کی چھوٹی سمجھ کو ہم آہنگ کرنے میں پوری طرح نا کام ہو جاتے ہیں، ایسے میں ہم تھوک پیٹ کر اپنی متعصب ذہنیت کے ذریعہ ان طبقوں کے بارے میں رائے قائم کر لیتے ہیں۔ گنز برگ یہ باتیں اٹلی میں پادریوں اور کسانوں کے درمیان علمیاتی تفریق کا حوالہ دیتے ہوئے سمجھاتے ہیں۔ 83 سالہ کارلو گنز برگ با قاعدگی کے ساتھ مورخ اور تاریخ نگاری کے پیشے

کی نئے سرے سے تعریف متعین کرتے رہے ہیں۔ ایسے میں جوزف کنفاوریکس (Joseph Confavreux) کے ذریعہ لیا گیا یہ انٹرویو کئی اعتبار سے کافی اہمیت کا حامل ہے۔ ہم جس دور میں سانسیں لے رہے ہیں اس میں تاریخ کی تفہیم کتنی اہم ہو چکی ہے، اس حوالے سے یہ انٹرویو گہری بصیرت عطا کرتا ہے۔

اس انٹرویو کا ہندی ترجمہ سورو کمار رائے نے 'سمالوچن' کے لیے کیا تھا اور موضوع کی تفہیم کے لیے انھوں نے اپنی طرف سے کچھ نوٹ بھی لگائے ہیں۔ فرقان عالم نے ہماری درخواست پر اس کا ہندی سے اردو میں ترجمہ کیا ہے۔ ہم 'سمالوچن' کے ایڈیٹر ارون دیو اور مترجم سورو کمار رائے کے شکریہ کے ساتھ اس انٹرویو کو اپنے قارئین کے ساتھ شیئر کر رہے ہیں۔


۱- کیا آپ اٹلی میں ہونے والے حالیہ انتخابات میں 'فریٹیلی ڈی اٹالیا' (Fratelli d'Italia) پارٹی کی جیت کو لے کر خوفزدہ ہیں؟ اور آپ اس پارٹی کو، جسے کبھی کبھی 'نو فسطائی' پارٹی کے طور پر بھی دیکھا جاتا ہے، اطالوی فسطائیت کی تاریخ میں کہاں رکھیں گے؟

کارلو گنز برگ: ہاں، میں فکرمند ہوں اور خوفزدہ بھی۔ یہ پارٹی ابھی بھی فسطائی وراثت کے لیے تعریفی کلمات ہی ادا کرتی ہے۔ بھلے ہی یہ ایک الگ چہرہ پیش کرنے کی کوشش میں لگی ہو جیسا کہ اس کی رہنما جیورجیا میلونی (1) اٹلانٹک ازم (2) سے ان کے تعلق کے حوالے سے کرتی ہیں، اس لیے ہم براہ راست تو فسطائیت کے دائرے میں نہیں ہیں لیکن اس بات سے انکار نہیں کیا جا سکتا ہے کہ 'فریٹیلی ڈی اٹالیا' پارٹی کو ووٹ دینے والوں میں سے کئی فسطائیت کے مرید ہیں۔ میں نے ہمیشہ لفظ 'فسطائیت' کو اس کے تاریخی تناظر سے پرے استعمال کرنے سے گریز کیا ہے، لیکن مجھے یاد ہے 2016 میں، میں شکاگو میں کچھ تحقیقی کام کر رہا تھا، اور اس دوران 'ٹرمپ' (3) کی تقریر کو دیکھتے ہوئے مجھے یہ لفظ ناگزیر لگا۔ لفظی اور تاریخی معانی میں فسطائیت نہ ہوتے ہوئے بھی غیر متنازع طور پر اس میں فسطائیت کے عناصر پوشیدہ ہیں۔ خواہ 'ٹرمپ' ہوں یا 'میلونی'، بھلے ہی ٹرمپ فسطائی وراثت کا اتنا واضح انداز میں تذکرہ نہیں کرتے جتنا کہ میلونی کرتی ہیں لیکن دونوں کے ہی خیالات میں فسطائیت کا مستقبل پنہاں ہے۔ پوری دنیا میں 'بائیں بازو' (left wing) کی تاریخی شکست کے بعد ایسی (نو فسطائی) طاقتوں کے خلاف لڑنا بہت مشکل ہو گیا ہے۔

اٹلی کے تناظر میں تو آپ کہہ سکتے ہیں کہ 'بائیں بازو' کی اب صرف باقیات رہ گئی ہیں، اس لیے میں ان انتخابات کے تعلق سے مایوسی کا شکار رہوں، بھلے ہی انتخاب کے نتیجے غیر متوقع ہی کیوں نہ ہوں۔

۲- تقریباً نصف صدی سے بھی زائد عرصے کے مشق و تجربے کے بعد آپ تاریخ نگاری کی حیثیت سے اس پیشے سے وابستہ ہوئے، حالیہ تبدیلیوں کو کیسے دیکھتے ہیں؟



فکری مزاحمت کے پہلو

**کارلو گنز برگ:** جس ایک واقعہ کا تاریخ نگاری اور اس پیشہ پر سب سے زیادہ اثر پڑا ہے، جو مسلسل جاری ہے اور مستقبل میں اس پیشہ کو غیر متوقع سمتوں میں لے جانے کا ملکہ بھی رکھتا ہے وہ یقینی طور پر انٹرنیٹ کی نئی تکنیک سے جڑا ہوا ہے۔ اس تکنیک نے دستیاب متون، کیٹلاگ وغیرہ تک ہماری پہنچ اور ترسیل و ابلاغ کے امکانات کو کئی گنا بڑھا دیا ہے جس کا اثر بلاشبہ اس پیشہ پر پڑا ہے۔ حالانکہ مجھے لگتا ہے کہ سوالوں کے جواب تلاش کرنے کے لیے ایک آلہ/ذریعہ کے طور پر انٹرنیٹ کا زیادہ بہتر طریقہ سے استعمال کرنے کے امکانات پر زور دینا بہت ہی ضروری ہے۔ ساتھ ہی اس کو ہمیں ایک ایسی جگہ کی حیثیت سے بھی تسلیم کرنا چاہیے کہ جہاں ہمیں نہ صرف غیر متوقع جواب بلکہ غیر متوقع سوال بھی مل سکتے ہیں۔ ایسے سوال بھی جو عموماً ہم اپنے تحقیقی کام/غور و فکر کے ابتدائی مرحلہ میں نہیں پوچھتے۔ یہ ایک ایسے متجسس ذہن کو بھی پیدا کر سکتی ہے جو تاریخ نگاری کے پیشہ کی شناخت ہے اور جس کو صرف گہری سماجیاتی/عمرانیاتی تعلیم ہی عطا کر سکتی ہے۔

3۔ مجھے یاد ہے ایک دفعہ آپ نے ایک صحافی 'ایڈریانو سوفری'(Adriano Sofri) جو انقلابی جماعت 'لوٹا کونٹی نوا'(lotta continua) کے ممبر تھے، کا دفاع کیا جن پر دہشت گردانہ حملہ میں حصہ لینے کا الزام عائد کیا گیا تھا۔ انھیں 1972 میں پولیس کمشنر 'لوئیگی کیلا بریسی'(Luigi Calabrese) کے قتل کا مجرم بھی ٹھہرایا گیا تھا۔ اس دوران آپ نے اس مقدمہ میں موجود پیچیدگیوں کو اجاگر کرنے کے ساتھ ہی اس کو عوامی اور سیاسی بحثوں کا حصہ بنانے کے لیے تاریخ کے تحقیقی طریقۂ کار(Research Method) کا استعمال کیا تھا۔ اس تناظر میں آپ عوامی میدان میں تاریخ نگاروں کے ممکنہ کردار کو کیسے دیکھتے ہیں؟ خاص کر تب جب ان کا سامنا جھوٹ پھیلانے والوں، اخلاقیات کی دہائی دینے والوں اور جانبدارانہ رویہ پر مبنی ادارہ یہ تحریر کرنے والے قلمکاروں سے ہے۔

**کارلو گنز برگ:** میں یہ تسلیم کرتا ہوں کہ میری کتاب 'The Judge and The Historian:Marginal Notes On a Late Twentieth Century Miscarriage of Justice* کے وجود میں آنے کی بنیاد ایک ذاتی جذبہ کا فوری اظہار تھی۔ میں ایڈریانو سوفری(4) کے کافی قریب تھا اور ان کی بے گناہی کو لے کر پُر اعتماد بھی تھا، حالانکہ بعد میں اس کتاب کا کئی زبانوں میں ترجمہ بھی کیا گیا کیونکہ اس میں اس خاص معاملہ کا ادراک کرتے ہوئے کچھ عام سوال اٹھائے گئے تھے، مجھے لگتا ہے کہ عوامی بحث میں تاریخ نگار کا اہم کردار ثبوت کی تلاش اور سچ کو ثابت کرنا ہے، اس سیاق میں ایک مثال میں ہمیشہ پیش کرتا ہوں۔ ہم سبھی 'کانسٹینٹ ٹائن کا عطیہ'(Donation of Constantine) نامی تاریخی دستاویز سے واقف ہیں جس کے ذریعہ 'رومی شہنشاہ'(Roman Emperor) کانسٹینٹ ٹائن(Constantine) نے اپنی سلطنت کا ایک تہائی حصہ چرچ اور پوپ کو سونپ دیا، اس نے قرونِ وسطیٰ کے یورپ میں چرچ اور پوپ کے لیے دنیاوی حکومت کی بنیاد رکھی۔


فکری مزاحمت کے پہلو

پندرہویں صدی کے نصف اول میں فلسفی 'لورینزو ولا' (Lorenzo Valla) (5) نے اپنے مطالعہ کے ذریعہ یہ ثابت کیا کہ یہ دستاویز جس کی بنیاد پر قرون وسطیٰ کا 'پاپائی نظام' ٹکا ہوا تھا، ایک فرضی دستاویز ہے۔ 'لورینزو ولا' کے ذریعہ اس جعلسازی کے پردہ فاش نے نشاۃ ثانیہ کی راہ ہموار کرنے میں بہت ہی اہم کردار ادا کیا۔ جھوٹی خبروں کے اس دورِ حاضر میں، ہمیں الیکٹرانک دور کے پہلو یہ پہلو ایک لسانیات کی ضرورت ہے، حالانکہ آج جس رفتار سے جعلسازی پھیلتی ہے، اس کا مقابلہ کرنا مشکل ہے کیوں کہ ثبوتوں کو اکٹھا کرنے اور ان کے تجزیہ میں وقت لگتا ہے۔ لیکن یہ ہمیں مابعد جدید استدلالات (6) کے برخلاف ایک زیادہ حساس سیاسی تناظر میں ثبوت کی اہمیت کو پیش نظر رکھتے ہوئے اپنی طلب کی طرف واپس لاتی ہے۔ قابلِ غور پہلو یہ ہے کہ مابعد جدید مفکر، فرضی قصہ اور تاریخی کہانی میں کوئی نمایاں فرق نہیں دیکھتے ہیں، میرے حساب سے جدید تعلیمی اداروں علیٰ الخصوص ریاست ہائے متحدہ امریکہ (USA) میں مروجہ ثبوتوں کے تئیں اس مابعد جدید سوچ نے جھوٹی خبروں کی اشاعت جسے ہم آج دیکھ رہے ہیں، کا پس منظر تیار کرنے میں کہیں نہ کہیں مدد کی۔

مابعد جدید امریکی تاریخ نگار ہیڈین وہائٹ (Hayden White) کے لیے (جنھوں نے اس 'سبتیت' (Relativism) کو ٹھوس شکل دی اور جن کے ساتھ میں نے کیلیفورنیا یونیورسٹی، لاس اینجلس میں 'شاؤل فریڈلینڈر' (Saul Friedlander) کے ذریعہ منعقد ایک عوامی مذاکرہ میں بحث کی) گرچہ ہولوکاسٹ (7) سے انکار کرنا اخلاقی اور سیاسی اعتبار سے نا قابل قبول تھا، لیکن یہ ثابت کرنا کہ یہ وسیع پیمانہ نہ کی نسل کشی کا ایسا کوئی واقعہ ہوا، ناممکن تھا کیونکہ اس کے لیے 'وافر مادی' ثبوت موجود نہیں ہیں۔ (8)

میرے نقطۂ نظر سے ثبوتوں کی اہمیت کا تحفظ ممکن اور ضروری ہے، اسے ہم دو طریقوں سے حاصل کر سکتے ہیں: پہلا، تاریخ نگاروں کے ذریعہ روایتی طرز پر کیے جانے والے ثبوتوں کی جانچ کے طور طریقوں اور ان کے کماحقہ استعمال کی درشتگی پر زور دے کر۔ دوسرا، انیسویں صدی میں شروع ہوئی طنزیہ روایت کو پھر سے سرگرم کر کے، جہاں ایک پیروڈی کے ساتھ یہ پوچھا گیا کہ کیا حقیقت میں نپولین کا کوئی وجود تھا یا وہ صرف ایک واہمہ تھا۔ بے شک سارے سوال پوچھے جانے کے لیے معقول ہیں، لیکن کیا ثبوتوں کی ذمہ داری سب سے پہلے ان لوگوں پر پڑنی چاہیے جو کہتے ہیں کہ نپولین موجود تھا یا جن کا ماننا ہے کہ وہ ایک واہمہ تھا؟

4۔ کیا آپ حال ہی میں شائع اپنی کتاب 'Nevertheless: Machiavelli, Pascal' کے موضوع کی تشریح کر سکتے ہیں؟ ساتھ ہی موجودہ سیاسی تناظر میں آپ Machiavelli (میکاولی) کے اصولوں کی افادیت کو کس طرح سے دیکھتے ہیں؟ یہ امر قابلِ توجہ ہے کہ حالیہ دنوں میں 'Machiavellism' (میکاولی ازم) نظریہ سے بہتیرے منفی خیالات کو جوڑا جاتا ہے جن میں سے ایک 'اینگلو سیکسن' ملکوں میں کافی عام ہے جس کے مطابق 'میکاولی' کا آئیڈیل ایک ایسا شہری ہے جو قومی آزادی اور عوامی مفادات میں خود کو قربان کرنے کے لیے ہمیشہ تیار رہتا ہے؟



فکری مزاحمت کے پہلو

کارلو گنز برگ: سنہ 2011 میں، میں لوس اینجلس (Lose Angeles) میں پڑھا رہا تھا۔ 9/11 کے واقعہ (9) کے بعد، میں نے اپنے طلبا کے لیے 'میکاولیٔ کے 'دی پرنس'(10) کی تفصیلی قرأت کی پیشکش کا فیصلہ کیا، جو سیکولرزم کو سمجھنے کے لیے ایک اہم سبق ہے۔ مذہبی شدت پسندی کے اس خونی اور خطرناک معاملہ کے دورانیہ میں، جب مذہب کی واپسی کا گمراہ کن خیال عام ہو رہا تھا، مجھے اس کو دوبارہ پڑھنے کی ضرورت محسوس ہوئی۔ اگر ہم 'دی پرنس' کی قرأت کریں تو اس میں دی گئی تمام دلیلوں میں 'Nevertheless' لفظ موجود ہے۔ میں نے وہاں سے شروعات کی اور میں سمجھ گیا کہ یہ عہد وسطی کے 'Casuistry'(اجتہاد)(11) کا ایک لازمی جزو تھا جس کے ذریعہ 'میکاولیٔ نے مثالی اور استثنائی جیسے الفاظ کو منعکس کرنا سیکھا۔ 'میکاولیٔ کو عہد وسطی کے اس Casuistry (اجتہاد) کا علم اپنے والد کے ذریعہ عطا کیے گئے متون سے حاصل ہوا تھا۔ مجھے یہ معمولی نہیں لگا کہ نشاۃ ثانیہ کا ایک ہیرو، جو اپنے وقت کے سیاسی خیالات کا قاضی تھا، عہد وسطی کے اس Casuistry (اجتہاد) سے متاثر تھا۔ پھر میں نے اس کا Pascal (پاسکل)(12) کے ساتھ دفعتاً ایک تعلق قائم کیا۔ ایسا اس لیے کیونکہ مجھے عہد وسطی کے اس Casuistry (اجتہاد) کے خلاف 'پاسکل' کے ذریعہ کیے گئے حملوں کی طرف لوٹنے کی ضرورت محسوس ہوئی، جو ان کے لیے 'Jesuits' کے ذریعہ بنائے گئے تھے۔ بھلے ہی یہ ہمارے سیاق سے کافی الگ تھا، 'میکاولیٔ نے ان مسائل کو اٹھایا جو آج بھی ہمیں فکرمند رکھتی ہیں، مثلاً، سیاست اور مذہب کے درمیان تعلق، مثالی اور استثنائی کے درمیان تعلق، حکومت اور شہریوں کی عام رضامندی کے درمیان تعلق وغیرہ۔

مجھے لگتا ہے کہ سوالوں کے Anachronism (خطائے زمانی)(13) اور جوابوں کے Anachronism کے درمیانی فرق کو ملحوظ رکھنا ضروری ہے۔ تاریخ کا مطالعہ بلاشبہ ان سوالوں سے شروع ہوتا ہے جو حال سے متعلق ہیں، لیکن ماضی کے دستاویزوں اور سماج کے ساتھ مکالمہ ہمیں ان سوالوں میں درستی کی اجازت دیتا ہے۔ یہ خیال کہ تاریخ ہمیں جینا سکھاتا ہے، کو لفظی طور پر نہیں لیا جا سکتا بلکہ تاریخ کی فہم ہمارے دور حاضر کے زہر کے لیے تریاق کا کام کرتی ہے۔

اس سلسلہ میں، میں نے اپنی مندرجہ بالا کتاب کے ایک باب میں 'میکاولیٔ کی تجویز کردہ اس مماثلت کے متعلق گفتگو کی ہے جہاں وہ 'مائیکل اینجیلیو'(Michalangelo)(14) کی مجسمہ سازی پر مبنی تخلیق David کے حوالے سے جمہوری حکومت کے قیام اور کسی مجسمہ کی تعمیر کے بیچ کی مماثلتوں کو واضح کرتے ہیں۔ 'میکاولیٔ نے اپنی کتاب 'The Art of War' میں ریاست کے ذریعہ عوام کے اندر ایک خاص طرح کے طرز خیال کی تشکیل کا موازنہ کھردرے سنگ مرمر کے ایک بلاک سے خوبصورت مجسمہ تراشنے کے عمل سے کیا ہے۔ میرے حساب سے اس کی عصری اہمیت ہے کیونکہ یہ ریاست کے ذریعہ چلائی سے عوام کا نقطہ نظر تبدیل کیے جانے کی طرف اشارہ کرتا ہے۔

مسولینی(15) کی حکومت بھلے ہی ماضی کی بات ہو چکی ہے لیکن یہ ایک وراثت چھوڑ گئی ہے جسے مختلف فکری مزاحمت کے پہلو

تکنیکوں کے ذریعہ پھر سے استعمال میں لایا جا سکتا ہے۔

5۔ ویسے تو آپ ملحد ہیں، پھر بھی مذہب اور اس سے جڑی بحثوں کے تئیں آپ کافی چوکنا رہے ہیں۔ آپ اپنی تازہ ترین کتاب میں 'پوپ فرانسس' کے ایک بیان 'کوئی کیتھولک خدا نہیں ہے، صرف ایک خدا ہے جو سب کا ہے۔' میں کافی دلچسپی دکھاتے ہیں۔ آپ اس بیان کو کس طرح دیکھتے ہیں؟

**کارلو گنز برگ:** بے شک میں ملحد ہوں اور میری کوئی مذہبی تعلیم نہیں ہوئی ہے، میں پیدائشی طور پر ایک یہودی خاندان سے تعلق رکھتا ہوں اور 'عالمی جنگ' کے دوران جاری ہراسانی نے مجھ پر ایک 'یہودی بچّے' کی شناخت چسپاں کر دی، لیکن جیسا کہ میں اپنی کتاب میں کہتا ہوں، میں مذہبی واقعات کے تئیں حساس ہوں اور ان واقعات نے ایک تاریخ نگار کی حیثیت سے میرے کام کے ایک بڑے حصے کو متاثر کیا ہے، میرا ماننا ہے کہ مذہب، علی الخصوص کیتھولک مذہب میں دلچسپی رکھے بغیر کسی کو یورپ کی تاریخ میں دلچسپی نہیں ہو سکتی ہے، مذہب اور اس کی تاریخ کو سمجھے بغیر دنیا کو سمجھنا ناممکن ہے۔

سیکولرزم کا مرحلہ روایتی سماجوں کے لیے بلاشبہ ایک چیلنج رہا ہے لیکن یہ ابھی بھی غیر واضح ہے، غور طلب ہے کہ سیکولر طاقتوں نے پوری دنیا میں مذہبی علامتوں اور آلات کو کہیں نہ کہیں تصرف میں لیا ہے۔

میرے لیے 'پوپ فرانسس' (16) کا مندرجہ بالا بیان سیکولرزم کے طویل تدریجی عمل اور مذاہب کے ساتھ اس کے جدلیاتی تعلق کا حصہ ہے، لیکن اس نے مجھے چونکا دیا کیونکہ میں کبھی سوچ بھی نہیں سکتا تھا کہ ایک 'پوپ' خود کو ایک ایسے خدا کا پیروکار بتا سکتا ہے جو دنیا کے دوسرے تمام لوگوں کے لیے یکساں ہے۔

میں نے تب اس نظریہ کے درون میں جھانکنا شروع کیا تو پایا کہ اسی کے مماثل نظریہ اطالوی 'Cardinal Martini' (کارڈینل مارٹینی) (17) کے ذریعہ تیار کیا گیا تھا جو فرانسس کی طرح ہی ایک 'Jesuit' پادری تھا۔ دو 'Jesuit' پادریوں کا اس چونکا دینے والے بیان پر متفق ہونا کہ 'کوئی مخصوص کیتھولک خدا نہیں ہے' نے مجھے یہ سوچنے پر مجبور کیا کہ اس نظریہ کی جڑیں اس مذہبی نظام کی تاریخ میں پیوست ہو سکتی ہیں جس کے وہ رکن رہے ہیں۔

6۔ آپ کے دوست اور معاون Jean louis Comolli (جیاں لوئس کومولّی) (18) کا اس سال مئی میں انتقال ہو گیا، آپ کے لیے ان کی کیا وراثت رہی ہے؟

**کارلو گنز برگ:** تصاویر کے متعلق ان کا استغراق، جو نظریاتی انعکاس اور عملی علم کو اس طرح باہم آمیز کرتا ہے کہ جو شاید ہی کسی اور شخص میں پایا جاتا ہے۔ وہ مجھے 'Bologna' (بولوگنا) میں میرے ذریعہ دانتے (19) پر کیے جا رہے ایک ریسرچ پروجیکٹ کے دوران فلمانے آئے تھے۔ انھوں نے پچیس منٹ کا ایک 'سیکوینس' فلمایا، جس میں، میں دانتے اور 'Giotto' (جیوٹو) (20) کے بیچ ایک ملاقات کے بارے میں بات کرتا ہوں، جو شاید خیالی ہے۔ اس 'سیکوینس' کی فلم بندی کے دوران مجھے احساس ہوا کہ کسی خاص فریم میں قید جسم


فکری مزاحمت کے پہلو

ہونا کیسا ہوتا ہے۔

7-آپ کی نذرِ سیریزی تبادلۂ خیال'(Cerisy Colloquim) کا اختتام آپ نے ' Texts,Images,Reproduction:On the Shoulders of Walter Benjamin' نامی ایک لیکچر کے ساتھ کیا۔اس لیکچر میں آپ نے تکنیکی ترقی کی وجہ سے تصاویر کی تخلیق پر پڑنے والے جمہوری اثرات اور ان میں آنے والی گراوٹ کی دوئی کا تذکرہ کیا ہے۔اس زاویۂ نظر سے ہم تاریخ کے کس نقطہ پر کھڑے ہیں؟ خاص طور پر تب جب انٹرنیٹ کی آمد نے تصاویر کی دنیا کو پوری طرح بدل کر رکھ دیا ہے۔

**کارلو گنز برگ :** ہم ایک ایسے تاریخی موڑ پر کھڑے ہیں ۔ جس کے نتائج غیر واضح ہیں ۔ ہمارے دور کی تصاویر میں ایک قسم کا گہرا تناؤ اور ابہام دیکھا جا سکتا ہے ، جسے ہم اکثر بے حد آسان طریقہ سے پڑھتے ہیں ۔ مجھے لگتا ہے کہ کیوں کچھ تصاویر یا پھر نقش منفرد ہیں، اس بات کا پیمانہ متعین کرنے میں ہم نا کام رہے ہیں۔ میں صرف انٹرنیٹ پر بآسانی دستیاب تصاویر کے تناظر میں یہ بات نہیں کر رہا ہوں ۔ مثلاً فلورینس(Florence) کی Uffizi Gallery (افیزی گیلری) نے فروخت کے مقصد سے خالص الیکٹرانک کا استعمال کر مائیکل اینجیلو (21) کی مشہور پینٹنگ 'The Doni Tondo' کی کچھ کاپیاں بنائیں جو اصل کے کافی قریب ہیں ۔ ہماری تہذیب میں یہ مانا جاتا ہے کہ متون کو کاغذ کے رنگ کی پرواہ کیے بغیر دوبارہ پیش کیا جا سکتا ہے۔

اس کے برعکس Raphael (رافائیل) (22) کی کسی پینٹنگ کی خواہ کتنی بھی تسلی بخش اور شفاف نقل کی جائے وہ اصل پینٹنگ کی جگہ نہیں لے سکتی ہے ۔ دوسرے الفاظ میں کچھ تصاویر یا نقوش کی کاپی پیش نہیں کی جا سکتی ہے۔اس لیے نقل کے اس دور میں اصل تصاویر کے تئیں بے توجہی میرے لیے ایک درد ناک تاریخی نقصان ہو گی ۔

( میڈیا پارٹ Mediapart اور Versobooks کے شکریہ کے ساتھ ترجمہ )

# حواشی :

(1) جیورجیا میلونی نے 22 اکتوبر 2022 کو اٹلی کی پہلی خاتون وزیرِ اعظم کے طور پر عہدہ سنبھالا ہے، ان کی قیادت میں بائیں بازو پارٹی فریٹیلی ڈی اٹالیا نے حال ہی میں اختتام پذیر اٹلی کے عام انتخابات میں جیت حاصل کی ہے۔ میلونی نے اپنے سیاسی سفر کی شروعات M.S.I (اٹالین سوشل موومنٹ) کے یووا فرنٹ کی رضاکار کے بطور کی تھی ۔ یہ غور طلب ہے کہ M.S.I کا قیام 1946 میں اطالوی فسطائی تاناشاہ مسولینی کے حامیوں کے ذریعہ عمل میں آیا تھا، میلونی کی جیت گنز برگ کی پیشین گوئی کو صحیح ثابت کرتی ہے۔

(2) 'اٹلانٹک ازم' کا نظریہ مغربی یورپ اور امریکہ ، خاص طور پر NATO کے بیچ گہرے تعلقات میں یقین اور اس کی حمایت پر مبنی ہے ۔

(3) ڈونالڈ ٹرمپ، ریاست ہائے متحدہ امریکہ USA کے سابق صدر (21-2017)

اور 'ری پبلیکن پارٹی' کے رہنما ہیں۔

(4) ایڈریانو سوفری ایک اطالوی دانشور، صحافی اور قلم کار ہیں، 1960 اور 70 کی دہائی میں انھوں نے خود مختار تحریک 'لوٹا کونٹی نوا' ('جہد مسلسل') کی قیادت کی۔ انھیں 1988 میں گرفتار کیا گیا تھا، ان پر پولیس کمشنر 'لوئیگی کیلابریسی' کے قتل پر اُکسانے کا الزام تھا، جس کے لیے انھیں 22 سال کے قید کی سزا سنائی گئی۔ اس مقدمہ کو بنیاد بنا کر ان کے دوست گنز برگ نے ایک جج اور مؤرخ کی ذمہ داریوں کے بیچ تعلقات اور عدم تعلقات کے بارے میں 'The Judge and The Historian:Marginal Notes On a Late Twentieth Century Miscarriage of Justice' نامی ایک کتاب لکھی ہے۔

(5) لورینزو ولا، عہد نشاۃ ثانیہ کے اطالوی عالم، انسان دوست، معلم اور کیتھولک پادری ہیں۔

(6) مابعد جدید نقطۂ نظر سے تاریخ اور ادب کے بیچ کا فرق ختم ہو جاتا ہے۔ یہاں پر مابعد جدید اسکالر ہیڈین وہائٹ کا مشہور بیان توجہ کے قابل ہے۔ ہیڈین وہائٹ کے مطابق ماضی کے نشان (ثبوت) ہمارے لیے صرف منقطع اور متعلق طریقہ سے ہی دستیاب ہیں، یہ تاریخ ہی ہے جو ان منقطع اور متعلق نشانات کو جوڑ کر ایک 'بامعنی کہانی' متشکل کرتا ہے، اس لیے وہائٹ کے مطابق، یہ پوری طرح مؤرخ پر منحصر ہے کہ وہ اپنے قارئین کو کیسی کہانی سنانا چاہتا ہے، وہ چاہے تو جن نشانات کا استعمال کر کے ماضی کی ایک المیہ کہانی سنا رہا ہے، انھی نشانات کو بنیاد بنا کر قارئین کے سامنے ایک طنز آمیز یا پھر ایک مبالغۂ آمیز مزاحیہ کہانی بھی پیش کر سکتا ہے۔

دیکھیں ہیڈین وہائٹ:

*Meta History: The Historical Imagination in Nineteenth Century of Europ*, (1973), Johns Hopkins Uniersity Press, Batlimore.

(7) ہولوکاسٹ: جرمنی میں 1930 اور 40 کی دہائی میں نازیوں کے ذریعہ یہودیوں کا اجتماعی قتل عام۔

(8) کیا ہولوکاسٹ کی کوئی تاریخ لکھنا یا اس کی عکاسی ممکن ہے؟ کیا یہودیوں کے قتل عام کی وسعت میں ایسا کچھ پوشیدہ ہے جو عکاسی، اصول اور تشریح کی ہماری روایتی سمجھ اور سلیقہ سے پرے ہے؟ ان سوالوں کے ارد گرد کارلو گنز برگ اور ہیڈین وہائٹ کے درمیان 1980 کی دہائی کے اواخر میں کافی تفصیلی بحث ہوئی جسے شاؤل فریڈ لینڈر کی مرتب کردہ کتاب 'Probing The Limits of Representation' میں پڑھا جا سکتا ہے۔

(9) 11 ستمبر 2001 کو ریاست ہائے متحدہ امریکہ USA پر دہشت گرد تنظیم القاعدہ کے ذریعہ منظم خودکش حملوں کا ایک سلسلہ۔

(10) 'دی پرنس' سولہویں صدی کا ایک سیاسی متن ہے، جسے اطالوی سفارت کار اور سیاسی نظریہ ساز نکولو میکاولی نے نئے شہزادوں اور شاہی خاندان کے اراکین کے لیے ایک رہنما کتاب کے بطور تصنیف کیا ہے۔

(11) کیسوئسٹری (Casuistry) دلیل کا ایک تدریجی عمل ہے جو کسی خاص معاملہ کے مطالعہ کی بنیاد پر نظریاتی قوانین کی تجویز یا توسیع کرنے کے ساتھ ہی ان قوانین کو نئی مثالوں کے ساتھ دوبارہ وابستہ کر کے اخلاقی مسائل کے حل کی سعی کرتا ہے۔

(12) بلیز پاسکل (Blaise Pascal)، ماقبل جدید عہد کے فرانسیسی ریاضی داں، ماہر طبیعیات اور مذہبی فلسفی ہیں، پاسکل نے اپنی تخلیق 'The Provincial Letters' میں اخلاقی پستی اور ہر طرح کے گناہوں کو صحیح ٹھہرانے کے لیے مضبوط دلیل کے استعمال کی شکل میں عہد وسطیٰ کے Casuistry کی شدید مذمت کی ہے۔

(13) 'سہو زمانی' (Anachronism) تاریخی تحریر کے اہم مسائل میں سے ایک ہے، کئی مرتبہ قلمکار حال کے سوالات یا تشریحات کے ذریعہ ماضی کے واقعات، رسوم و رواج یا اشخاص کے بارے میں سمجھ بنانے کی کوشش کرنے لگتا ہے۔ یہ ماضی کے بارے میں غلط شعور یا قدر شناسی کو جنم دیتی ہے۔ تاریخ نگار کے لیے یہ سمجھنا ضروری ہے کہ وقت کے ساتھ مسلمات، قدر اور معیار بدلتے رہتے ہیں، جو تاریخ نگار ان بدلتے مسلمات، اقدار اور معیارات کے تئیں باشعور نہیں ہوتا، وہ اکثر ماضی کے مطالعہ میں Anachronism کا شکار ہو جاتا ہے۔

(14) ڈیوڈ (David) نشاۃ ثانیہ کی مجسمہ سازی کا ایک شاہکار ہے، جو اطالوی فنکار مائیکل اینجیلو کے ذریعہ 1501 اور 1504 کے دورانیہ میں سنگ مرمر سے بنایا گیا ہے۔

(15) بینیتو مسولینی (Benito Mussolini) اطالوی تاناشاہ اور فسطائیت کے ابتدائی علمبرداروں میں سے ایک، 1922 سے 1943 تک اٹلی کی حکومت پر قابض۔

(16) پوپ فرانسس کیتھولک برادری کے 266 ویں پوپ اور ریاست ویٹیکن سٹی (Vatican City) کے بادشاہ۔ سال 2013 میں ایک انٹرویو کے دوران دیا گیا ان کا یہ بیان ''کوئی کیتھولک خدا نہیں ہے، صرف ایک خدا ہے جو سب کا ہے'' کافی مشہور ہوا۔

(17) کارڈینل مارٹینی (Cardinal Martini) ممتاز اطالوی Jesuit پادری اور رومن کیتھولک چرچ سے وابستہ دانشور۔

(18) جیاں لوئیس کومولّی (Jean louis Comolli) معروف فرانسیسی قلمکار، ایڈیٹر اور فلم ڈائریکٹر جن کا حال ہی میں 19 مئی 2022 کو انتقال ہوا۔

(19) دانتے الیگیری (Dante Alighieri) عہد وسطیٰ کے اطالوی شاعر جن کو اٹلی کا قومی

شاعر بھی مانا جاتا ہے، ان کی مشہور رزمیہ 'ڈیوائن کامیڈی' (Divine Comedy) اپنے رنگ کا بے مثل رزمیہ ہے۔

(20) جیوٹو ڈی بونڈون (Giotto Di Bondone) عہد وسطیٰ کے مشہور اطالوی مصور اور ماہر فن تعمیرات۔ ایک روایت کے مطابق جب جیوٹو (Giotto) اسکرو ویگنی چیپل (Scrovegni Chapel) کی دیواروں کو اپنی تصاویر/ پینٹینگز سے سجا رہے تھے تو دانتے ان سے ملنے پہنچے۔ اس وقت جیوٹو (Giotto) کے بچے وہیں کھیل رہے تھے، ان بچوں کو دیکھ کر دانتے نے ازراہِ مذاق کہا کہ اس طرح کی خوبصورت تصویروں کو بنانے والے شخص کے بچے اتنے عام وضع کے کیسے ہو سکتے ہیں! اس پر جیوٹو (Giotto) نے حاضر جوابی کے انداز میں کہا کہ ''میں اپنی تصویر دن میں بناتا ہوں اور بچے رات میں۔''

(21) مائیکل اینجیلو عہد نشاۃ ثانیہ کے عظیم اطالوی مجسمہ ساز، مصور اور ماہر فن تعمیرات ہیں۔ مصوری، مجسمہ سازی اور فن تعمیر کے میدانوں میں مائیکل اینجیلو کے کئی کام دنیا کی مشہور ترین تخلیقات میں شمار کیے جاتے ہی The Doni Tondo ان کی عمدہ پینٹنگ ہے جو Uffizy Gallery میں محفوظ ہے۔

(22) رافائیل (Raphael) عہد نشاۃ ثانیہ کے عظیم مصور اور ماہر فن تعمیرات۔

[بشکریہ 'سمالوچن، 14 نومبر، 2022]

# مطلق العنانیت کا تاریخی پس منظر

ہنا آرنٹ

ترجمہ: شوذب عسکری

ہنا آرنٹ جرمن نژاد امریکی فلسفی اور ماہرِ سیاسیات ہیں۔ زیرِ نظر مضمون ان کی کتاب The Origins of Totalitarianism کا خلاصہ ہے جس میں وہ مطلق العنانیت کی تعریف، اساسی خصوصیات اور تاریخی پس منظر کو زیرِ بحث لاتی ہیں۔ ان کا کہنا ہے کہ مطلق العنانیت آزاد فکری و آزاد سماج کی مخالف ہوتی ہے، جب جمہوریت کمزور ہوتی ہے اور وہ عوامی مطالبات اور تقاضوں کو صحیح معنوں میں پورا نہیں کرتی تو اس کے نتیجے میں مطلق العنانیت کی راہ ہموار ہوتی ہے۔ وہ کہتی ہیں کہ یہ ماضی میں مقتدر قوت کے طور پر کئی بار ظہور کر چکی ہے اور وہ متعدد مثالوں کی بنا پر یہ مقدمہ قائم کرتی ہیں کہ جدید تاریخ میں بھی ایسی مطلق العنان ریاستیں موجود رہی ہیں۔

ہم سالہا سال سے زندگی کے سفر پہ چلتے ہوئے کامیابیوں کی بہت سی منازل دیکھ چکے ہیں۔ لیکن سچ یہ ہے کہ ہم ابھی تک دنیا کی تباہ کن جنگ سے محض چند نسلیں ہی آگے پہنچے ہیں۔ یہ سوچ بہت پرسکون ہے کہ ہم ماضی کی بربریت سے گزر آئے ہیں تاہم اگر ہم یہ چاہتے ہیں کہ مستقبل میں ایسے حادثات پیش نہ آئیں تو ہمیں یہ یاد رکھنا ہوگا کہ کس طرح ایک جمہوری ملک اچانک سے اپنے ہی شہریوں کے لیے دشمن بن سکتا ہے۔ ہنا آرنٹ خوش قسمت تھیں کہ وہ نازیوں کے زیر انتظام قید خانے سے زندہ بچ گئیں۔ ان کی یہ شہرہ آفاق تصنیف اپنی اشاعت کے فوری بعد متنازعہ ہو گئی تھی۔ جب یہ کتاب پہلی بار شائع ہوئی تو دوسری جنگ عظیم کو ختم ہوئے چند سال ہی گزرے تھے۔ آرنٹ نے یورپ میں ایسے واقعات کی جانچ کی ہے جنھوں نے جرمنی اور سوویت یونین میں مطلق العنانیت کو فروغ دیا اور ان غیر مؤثر جمہوریتوں کا کردار بیان کیا ہے جنھوں نے ایسی

ظالمانہ حکومتوں کا قیام ممکن بنایا۔ ہنا آرنٹ کی زندگی اور تحریر سے یہ سبق ملتا ہے کہ ہمیں سماج میں سوچ اور فکر کے ضابطے آزاد رکھنے ہوں گے اور اس امر کو یقینی بنانا ہوگا کہ لوگ سماج کے ان رخنوں میں نہ جا پڑیں جہاں سے برائی پھوٹ پڑتی ہے۔

مطلق العنانیت انسانی تاریخ کے طویل دور میں مختلف مقامات اور اوقات میں عروج پاتی رہی ہے۔ تاہم یورپ میں بیسویں صدی کے دوران اس کی بنیاد سامیت دشمنی پر رکھی گئی۔ سامیت دشمنی کی اس تحریک کی وجوہات پیچیدہ ہیں اور اگر ہم انھیں سمجھنے کی کوشش کریں تو ہمیں وقت کے پہیے کو واپس گھمانا ہوگا تا کہ ہم دیکھ سکیں کہ زمانی ارتقا کے ساتھ ساتھ یورپی سماج میں تفریق کس طرح وجود پذیر ہوئی۔

سترہویں صدی عیسوی کا یورپ جاگیرداری نظام کے زیر اہتمام چل رہا تھا۔ سماج بنیادی طور پر دو طبقات میں تقسیم تھا۔ مزارعین اور اشرافیہ، اس نظام میں روایتی طور پر یہودی مذہب کو ماننے والے بنیے تھے۔ وہ اشرافیہ کے طبقے کے لیے محاسب کا کام کرتے تھے۔ ان کی رقموں کا حساب کتاب رکھتے تھے۔ ان کے قرضوں کا حساب رکھتے ان کے سود کا حساب رکھتے۔ اس کے کام کے بدلے انھیں رقم اور دیگر مراعات ملتی تھیں جو سماج کے باقی لوگوں کو میسر نہیں تھیں۔

پھر 1648 میں ویسٹ فیلیا کا معاہدہ ہوا۔ اس کے بعد بھی بہت سے معاہدے ہوئے جس کے نتیجے میں یورپ کے بہت سے علاقوں میں جاگیرداری کا خاتمہ ہوا۔ اس نظام کے خاتمے کی راکھ سے حکمرانی کا ایک نیا نظام پیدا ہوا جس میں جاگیرداروں کی بجائے سرکار کا راج تھا۔ اس نظام کے تحت مختلف قومی گروہ مختلف طرز معاشرت میں ڈھلنے لگے، یہ معاشرت ایک دوسرے سے جزوی طور پر مختلف تھی جس کی بنیادیں ایک خاص قومی شناخت پہ رکھی جا رہی تھیں۔ یوں ہر ایک قوم کی منفرد شناخت زور پکڑنے لگی اور یورپ کے مختلف علاقے قومی ریاستوں میں تبدیل ہونے لگے۔ نظام کی اس تبدیلی کے بعد جب جاگیرداری ختم ہو رہی تھی تو یہودی لوگ جو پہلے جاگیرداروں کے لیے محاسب کا کام کرتے تھے اب ریاستوں کے محاسب کی حیثیت سے کام کرنے لگے۔ تاہم جلد ہی یہ اندازہ ہو گیا کہ یہ نیا نظام کافی پیچیدہ ہے اور اس میں کام کی مقدار بہت زیادہ ہے۔ وہ یہودی جو جاگیرداری نظام میں زیادہ متمول نہیں تھے اب ان کے پاس کام اور دولت دونوں زیادہ تھے اور ان کا سماجی مقام بدل رہا تھا۔

حکومت کے نظام کے لیے ان کی خدمات کے سبب وہ اشرافیہ کے قریب تو ہو گئے تھے اور انھیں اعلیٰ سطح کی حکومتی دعوتوں اور تقریبات میں بھی مدعو کیا جا رہا تھا جس کے سبب متوسط طبقے کو یہ لگا کہ یہودیوں کے لیے سماج میں ترقی کے مواقع غیر منصفانہ طور پر بڑھ گئے ہیں۔ اسی وجہ سے یورپی سماج میں یہ سازشی نظریہ زور پکڑنے لگا کہ یہودی کسی عظیم منصوبے کا حصہ ہیں اور وہ پورے یورپی سماج پر قابض ہونا چاہتے ہیں۔



فکری مزاحمت کے پہلو

یورپ کے حکمران طبقے نے بھی کبھی یہودیوں کو اپنا نہیں سمجھا۔ وہ انھیں اپنا 'نائب' سمجھتے تھے۔ ایک ایسی قوم جسے ابھی تک مکمل طور پر سمجھا نہیں گیا۔ اگرچہ بعض یہودیوں کو ان کی انفرادی کامیابیوں کے سبب سماجی قبولیت مل رہی تھی تاہم وہ لوگ جو ان کی خدمات سے مستفید ہو رہے تھے، وہ انھیں اپنے آپ سے کم تر سمجھتے تھے۔

نسل پرستانہ استعماریت اور پان۔نیشنلزم نئے مگر کمزور بنیادوں پر قائم قومیتی ریاست کے تصور سے پھوٹا۔ قومیت پر مبنی ریاستی تصور کے احیا کے ساتھ یہ امید کی جا رہی تھی کہ جدید سماج مضبوط اور منصفانہ بنیادوں پر قائم کیا جائے گا۔ تاہم یہ امیدیں جلد ہی دم توڑ گئیں جب طاقت اور اختیار کی جنگ نے پوری دنیا کو اپنی گرفت میں لے لیا۔ جاگیرداری نظام کے دوران بورژوا طبقہ عروج پا رہا تھا اور کم ہوتا ہوا اشرافیہ طبقہ معاشی طور پر طاقتور گروہ بن رہا تھا۔ تاہم نئی قائم ہونے والی سرکار نے محض ان کی سرمایہ دارانہ خواہشات کی حوصلہ افزائی کی۔ لہٰذا کاروبار کی ترقی کے لیے لازم تھا کہ تاجر طبقہ اپنی ریاستی سرحدوں کے باہر بھی سرگرم ہو۔ اس کے سبب استعماریت عروج پانے لگی۔

فطری طور پر استعماریت کے سامنے آئینی اور اخلاقی سوالات بھی موجود تھے۔ چونکہ عمومی طور پر یہی تھا کہ ایک ملک کے وسائل میں لوٹ کھسوٹ کی جائے اور انھیں دوسرے ملک لے جایا جائے۔ اور اس دوران وہ ملک جس نے کسی ملک کو کالونی بنایا ہے، اس کے قوانین کو نظر انداز کیا جائے۔ لہٰذا استعماریت کے سہارے کے لیے نسل پرستی کا استعمال کیا گیا۔

تاریخی دستور یہ تھا کہ جب کوئی ملک کسی ملک پر قبضہ کر لیتا تھا تو اس ملک اور اس کے عوام پر اپنے قوانین نافذ کر دیتا تھا۔ تاہم یہ چلن استعماریت کے لیے نقصان دہ تھا کیونکہ قانون کے مطابق تو یہ سارا عمل آئینی طور پر ہونا چاہیے تھا اور قانون کی نگاہ میں مقامی لوگ بھی برابری کے مقام پہ فائز تھے۔ لہٰذا یہ قوانین استعماریت کے مقاصد کے حصول میں رکاوٹ تھے جو طاقت اور اختیار کے پھیلاؤ پر یقین رکھتے تھے۔

ایسے قوانین کے نفاذ کی بجائے جو اپنے دیس میں نافذ تھے نوآبادیاتی طاقتوں نے مقبوضہ علاقوں کو بیوروکریسی کے نظام کے تحت چلانا شروع کیا۔ یہ نظام حقوق انسانی کی پامالی کے عوض بڑا منافع کمانے کا آسان ذریعہ تھا۔ اس نظام کے جواز کے لیے نسل پرستی پر مبنی تصورات کو پھیلایا گیا یا یہ تجویز کرتے تھے کہ مقبوضہ علاقوں کے مقامی افراد کم تر نسل کے انسان ہیں۔ لہٰذا ان کے لیے وہ قوانین روا نہیں ہو سکتے ہیں جو کہ قومی ریاستوں کے مہذب اور ترقی یافتہ انسانوں پر لاگو ہوتے ہیں۔ بعد ازاں استعماریت کے یہی اصول ان افراد پر بھی لاگو کیے گئے جو نوآبادیاتی طاقتوں کے اپنے ممالک میں پان نیشنلزم کے تصورات کو مانتے تھے اور اس کے حق میں تحریکیں چلا رہے تھے۔

جیسے جیسے انیسویں صدی آگے بڑھی، حکومتوں کی سامراجیت اور عالمی قوم پرستی کی تحریکوں کے سامنے گرفت کمزور پڑتی گئی۔ قومی ریاست ٹوٹ پھوٹ کا شکار ہوتی جا رہی تھی جس کی وجہ سے یہودیوں کو شدید تکالیف فکری مزاحمت کے پہلو

سے گزرنا پڑا تھا، اگرچہ پہلے پہل انھیں اس بات کا ادراک نہیں تھا کہ صورت حال کس قدر خراب ہوتی جارہی ہے۔ جہاں حکومت کی طاقت کم ہوتی جارہی تھی وہیں یہودیوں کے استحصال میں مسلسل اضافہ ہورہا تھا۔ یہ ان یہودیوں کے ساتھ ہورہا تھا جو ابھی تک نسبتاً مالدار تھے اگرچہ حکومتی مالیات میں ان کا رول بہت کم کردار تھا۔

اس کے نتیجے میں یہ ان لوگوں کے لیے آسان شکار تھے جنہیں ایک قربانی کا بکرا چاہیے تھا جو یہ ثابت کرے کہ قومی ریاست کا تصور ختم ہورہا ہے اور حکومت عملی طور پر معطل ہے۔ درحقیقت ان لوگوں پر طفیلیے ہونے کا لیبل لگایا جارہا تھا کہ یہ وہ لوگ ہیں جو بغیر کسی خاص وجہ سے حکومتی سرمایہ حاصل کررہے ہیں اور بڑے بڑے عہدوں پر براجمان ہیں جبکہ حقیقتاً یہ لوگ غیر مقامی ہیں اور باہر سے ہمارے معاشرے کا حصہ بننے ہیں جبکہ درحقیقت یہ معاشرے سے مکمل طور پر کبھی بھی ہم آہنگ نہیں ہوسکے۔

جب کہ حقیقت یہ تھی کہ یہ لوگ کئی نسلوں سے محنت کرکے معاشی طور پر خوش حال ہوئے تھے، جب کہ دوسرے لوگ اپنے عہد کے معاشی اور سیاسی اتار چڑھاؤ کی وجہ سے مسائل کا شکار تھے۔ اس کے باوجود کہ ایسے سازشی نظریات موجود تھے کہ یہودی پوری دنیا پر قابض ہونا چاہتے ہیں، اگرچہ غیر مستحکم حکومتوں کی موجودگی یہ ظاہر کرتی تھی کہ یہودیوں کا اس وقت کوئی خاص اثر و رسوخ نہیں تھا۔

سنہ 1894 میں وہ ٹرائل جو ڈریفس افیئر کے نام سے مشہور ہے، شروع ہوا۔ یہ واقعہ الفریڈ ڈریفس نامی فرانسیسی یہودی فوج کے کپتان سے متعلق ہے جس کو فوجی راز جرمنی کو دینے کا غلط طور پر مرتکب ٹھہرایا گیا۔ ٹرائل کے آغاز ہی سے یہود مخالف گروہوں نے کھلے عام یہ الزام لگانے شروع کردیے تھے کہ ڈریفس اس بات کا ثبوت ہے کہ تمام یہودی فرانسیسیوں کے دشمن ہیں۔

بالآخر بارہ سال کے عرصے کے بعد ڈریفس کو الزام میں بے گناہ قرار دے دیا گیا مگر اس عرصے کے دوران اس اس افیئر کی بنیاد پر عوام میں پھیل چکی تفریق کو اتنی آسانی سے ختم کرنا ممکن نہیں تھا۔ بعض لوگوں کا کہنا تھا کہ اس کیس کو دوبارہ سے کھولا جائے جبکہ کچھ لوگ ایسا مانتے تھے کہ ڈریفس کا یہودی النسل ہونا ہی اس کے مجرم ہونے کا کافی ثبوت ہے اور اس کے لیے مزید کسی ثبوت کی ضرورت نہیں۔ پہلی جنگ عظیم کے دوران اور بعد میں زیادہ سے زیادہ لوگوں نے غیر طبقاتی ہجوم میں شامل ہونا شروع کردیا جو مطلق العنانیت کے لیے مثالی مضمون کی حیثیت رکھتا ہے۔

سیاسی جماعتیں امیر اور درمیانے طبقے کی نمائندگی کرتی تھیں جب کہ غریب طبقے اور کہیں بھی شمار نہ ہونے والے طبقے کی تعداد میں تیزی سے اضافہ ہوتا چلا گیا جس کا یہ خیال تھا کہ سیاسی جماعتیں ان کی نمائندگی نہیں کرتیں۔ یہ لوگ غیر طبقاتی ہجوم کہلائے اور ان کی تعداد میں اضافہ صرف عالمی جنگ عظیم اول کے نتیجے میں بڑے پیمانے پر ہونے والی تباہی کی وجہ سے ہوا۔ جنگ کے نتیجے میں امیر طبقے نے بھی معاشرے کے بڑے ہجوم کی طرف داری شروع کردی اور آزادِ فکری اور برداشت جیسے لبرل نظریات کو پیچھے چھوڑ دیا اور اس نظریے سے بغل گیر فکری مزاحمت کے پہلو

28

ہو گئے کہ اسٹیبلشمنٹ کو توڑنا ہے اور اسٹیٹس کو کا خاتمہ کرنا ہے۔

معاشرے سے الگ تھلگ اور ناراض لوگ تیزی سے غیر طبقاتی ہجوم کا حصہ بن گئے جن کو جنگ عظیم اول کی بیداری کے نتیجے میں اٹھنے والی مطلق العنانیت کی تحریکوں میں شامل کیا جا سکتا تھا۔ یہ بکھرے ہوئے لوگ سماج سے الگ تھلگ تھے اور کسی بھی قسم کے سماجی اور معاشرتی نقطہ نگاہ اور مقصد کو کھو چکے تھے اور ان کے پیش نظر صرف ان کا ذاتی مفاد تھا۔ ان کی اس صورت نے پان ۔ نیشنلزم کے فلسفے کے لیے یہ صورت آسان بنا دی کہ وہ انھیں اپنی تحریک میں جذب کر لے جس کا کسی قوم یا طبقے سے کوئی تعلق نہیں تھا تاہم اس تحریک نے ایسے لوگوں کو زندگی کے معنی اور تعلق کی صورت فراہم کی۔

پان ۔ نیشنلزم کی حامی تحریکوں کے لیے اگلا قدم مطلق العنانیت تھا کیونکہ انھوں نے عوام کو جمہوری نظام کی کوتاہیاں ظاہر کرنے کے لیے استعمال کیا تھا۔ وہ لوگ جو ابھی تک بھی جمہوری سیاست کر رہے تھے، انھوں نے یہ سمجھنے کی غلطی کی کہ عوام کوئی فیصلہ کن کردار نہیں کریں گے۔ جہاں تک ان کی تشویش کی بات ہے تو ان کا خیال تھا کہ یہ عوامیت پسند کوئی زیادہ فرق پیدا نہیں کر سکتے کیونکہ ان میں سے اکثریت نے انتخابات میں اپنی رائے کا اظہار ہی نہیں کیا، اگر چہ وہ ووٹ ڈالنے کے اہل تھے۔ تاہم زیادہ عرصہ نہ گزرا اور ان کے یہ تصورات خوفناک حد تک غلط ثابت ہوئے۔

حیران کن حد تک مطلق العنانیت کی تحریک کے رہنماؤں نے یورپ میں عوام کی اتنی بڑی تعداد کو اپنے ساتھ ملا لیا کہ وہ ان کے ووٹرز بن گئے اور عوام نے انھیں اس قدر بڑی سیاسی قوت بنا دیا کہ ان کے پاس جمہوریت کے نظام کو ہی ختم کر دینے کی صلاحیت آگئی اور انھوں نے کسی بھی نئے سیاسی مخالف کے ابھرنے کے امکان کو ہی ختم کر دیا۔

اس خامی کی نشاندہی کرنا ہی اہم ہے جس نے اس اقدام کو ممکن بنایا۔ جب جمہوریت نے عوام کی صحیح معنوں میں ترجمانی نہیں کی تو یہ صورت مطلق العنانیت کو کھلی دعوت کے جیسی تھی۔ لہٰذا اگر عوام کی ایک بڑی تعداد اپنے آپ کو غیر متعلق محسوس کرنے لگے اور سیاسی طور پر اس قدر غیر دلچسپی کا مظاہرہ کرے، وہ ووٹ دینے ہی نہ نکلیں تو اس صورت میں یہ کوئی حیران کن امر نہیں ہوگا کہ کوئی شخص اٹھ کھڑا ہو اور انقلاب لانے کی آواز بلند کر کے لوگوں کو دعوت دینے لگے۔ ایسی صورت میں عوام مطلق العنانیت کے پروپیگنڈے کو قبول کرنے کے لیے تیار تھے۔

جب بھی کبھی مطلق العنانیت سماج میں در آئے تو سمجھ لیجیے کہ عوام سیاسی اور تجزیاتی سمجھ بوجھ سے بہت دور جا چکے ہیں۔ مطلق العنانیت سے متاثر سماج میں اگر کوئی معاملہ اہمیت کا حامل ہوتا ہے تو وہ مطلق العنان رہنما کا مستقبل کا تصور ہوتا ہے۔ اگر کوئی شخص اس صورتحال میں حقیقت پہ مبنی کوئی بات کہے یا اس مطلق العنان حکمران کے مقابلے میں کوئی متبادل بیانیہ تشکیل دینے کی کوشش کرے تو عوام میں یہ تاثر پھیلایا جا تا ہے کہ یہ دشمنوں کی سازش ہے جس کا مقصد عوام کو گمراہ کرنا ہے۔


فکری مزاحمت کے پہلو

جنگ عظیم اول کے اختتام کے بعد جب نازی پارٹی قائم ہوئی تو اس دوران اس نے لوگوں کو مسلسل تجزیاتی فکر سے دور کرنے کی کوشش جاری رکھی اور اس جھوٹی کہانی میں الجھائے رکھا کہ یہودی سازش کر رہے ہیں اور ان کی موجودگی ان کے طرز حیات کے لیے خطرہ ہے۔ بار بار لوگوں کو یہ تلقین کی جاتی رہی کہ یہودیوں کو روکنے کے لیے اقدامات کیے جانے لازم ہیں ورنہ ایک تاریک اور ظالمانہ مستقبل جلد ہی ہمیں تباہ کر دے گا۔ اور چونکہ نازیوں کے مطلق العنان سماج میں صرف ایک ہی تصور کی گنجائش تھی۔ لہذا یہی لمبی کہانی عوامی حقیقت کی شکل میں بننے لگی۔ فطری طور پر اس کہانی کا نتیجہ یہ نکلا کہ نازی پارٹی کے رہنما مستقبل کے ایسے ہیرو بن کر سامنے آئے جو مستقبل کے لیے تہذیب کی جنگ جیت رہے تھے۔ اس کہانی کو پھیلا کر اور آریاؤں کو یہودیوں کے خلاف جنگ میں عوام کا مسیحا ثابت کر کے نازی اپنی حیثیت کو مضبوط بنا رہے تھے۔

اس میں بھی حیران کن امر نہیں کہ سوویت یونین کے آمر حکمران جوزف اسٹالن جس نے 1943ء سے لے کر 1953ء تک حکومت کی اس نے بھی سوویت یونین کے سلاو کے خطے میں طاقت کے حصول کے لیے یہی حربہ استعمال کیا، اس کی گھڑی ہوئی کہانی کے مطابق وہ اپنے ملک کے محنت کش مزدور طبقے اور سوویت یونین کے کمیونسٹ نظام کو ٹراٹسکی کے سازشیوں سے بچانے کے لیے کوشش کر رہا تھا۔ وہ ایک حربہ جس کا ہر ممکن استعمال تمام مطلق العنان نظام کرتے ہیں وہ پروپیگنڈہ کہلاتا ہے جو اس خلا کو پُر کرنے کے لیے کیا جاتا ہے، جو ایک ناکام جمہوریت کے بعد پیدا ہوتا ہے۔ ایک بار پھر سوویت یونین اور جرمنی کے لوگ پروپیگنڈے کا شکار ہو چکے تھے کیونکہ انھوں نے اپنی قومی ریاست کے اندر اپنی شناخت اور تفاخر کے معنی گم کر دیے تھے۔ اور جب لوگ اپنی حکومت کی جانب سے یہ محسوس کرنے لگیں کہ اس نے انھیں شرمندہ کر دیا ہے اور وہ ان کی نمائندگی کا حق نہیں رکھتی اور جب وہ بے روزگاری، لاتعلقی، بے گانگی اور غصے کا شکار ہو جائیں تو وہ نازی ازم اور اسٹالن ازم جیسے کسی نظام کے لیے تیار ہو جاتے ہیں جو انھیں کم از کم کوئی مقصد حیات مہیا کرتا ہے۔ جب عوام ایسی ذہنی کیفیت کا شکار ہوں تو ایسا پروپیگنڈہ جس میں غیر ملکی تصورات شامل ہوں، اسے بہت جلد قبولیت ملنے لگتی ہے اور جب حقیقت اور سچ پروپیگنڈے سے شکست کھا جائے تو وہ اپنے رہنما کی پیروی بغیر سوچے سمجھے کرنے لگتے ہیں۔

مطلق العنانیت کی قیادت میں ایک نظریہ جنم لیتا ہے جو تاریخ کا چہرہ مسخ کر کے اپنی مرضی کی تشریح کرتا ہے۔ مطلق العنانیت کی ایک اور نشانی بھی ہے اور وہ یہ ہے کہ نظریہ اور پروپیگنڈہ دونوں مل کر تاریخ کی ایسی تشریح لکھتے ہیں کہ جس میں مطلق العنان قیادت کے اقدامات درست لگنے لگتے ہیں۔ جرمنی کے معاملے میں ایسا تھا کہ نازیوں نے اپنی گھڑی ہوئی تاریخ میں ثابت کیا کہ آریائی نسل دنیا کی سب سے اعلیٰ نسل ہے اور تاریخ کے تمام اشارے اسی جانب ہیں کہ اسے ہی حکمرانی کا حق ہے۔ اور 1930ء کی دہائی میں وہ لمحہ آنے والا ہے جب جرمنی دنیا پر قبضہ کر کے تاریخ کے مقدر کا فیصلہ کرے گا۔

اس طرح کی یک رخی کہانی میں منطق کا تڑکا لگانے کے لیے لازم ہے کہ مطلق العنان جماعت


فکری مزاحمت کے پہلو

آزادانہ سوچ اور فرد کی رائے کی حوصلہ شکنی کرے اور ایک زمانے تک سیاسی عمل سے لاتعلق رہنے والی عوام کو اپنے رہنما کی خواہشات کے مطابق کام کرنے والی مشین میں تبدیل کر دے۔ جب ایسی صورتحال ممکن ہو جائے گی تو تاریخ کا ایک ہی حوالہ منطقی محسوس ہوگا جو پارٹی کی حکمت عملی سے مطابقت رکھتا ہو۔

تاہم عام طور پر ایسا ہوتا ہے کہ تمام کہانیاں، نظریات، اور پروپیگنڈہ اس حقیقی مقصد کو چھپانے کے لیے گھڑے جا رہے ہوتے ہیں جس کے حصول کے لیے یہ تحریک کام کر رہی ہوتی ہے اور وہ مقصد اپنی تحریک کا پھیلاؤ اور مزید طاقت کا حصول ہوتا ہے۔ یہی سب کچھ جرمنی کی نازی پارٹی کی تحریک کی اس کہانی کے پیچھے بھی تھا کہ یہودی سازشیں رچا رہے ہیں اور محض آریائی ہی دنیا میں حکمران نسل ہیں۔

یہ اب کوئی راز نہیں رہا کہ نازی پارٹی کے چوٹی کے رہنما اس پروپیگنڈے اور جھوٹ سے واقف تھے جو آریائی نسل کے اعلیٰ اور برتر ہونے کے نام پر عوام کو بتایا جا رہا تھا۔ وہ اس سچ سے بھی آگاہ تھے کہ جو کہانی اس متعلق گھڑی جا رہی ہے کہ ہمارا رہنما عام انسانوں سے بڑھ کر کسی مخلوق سے تعلق رکھتا ہے یہ بھی سراسر جھوٹ ہے۔

تاہم وہ اس تصور سے بالکل متفق تھے کہ وہ لوگ ایسا سماج تشکیل دے رہے ہیں جو دنیا پر حکمرانی کرے گا۔ اور وہ اس تصور کی سچائی اس صورت میں دیکھ رہے تھے کہ عوام ان کے احکامات کو من و عن تسلیم کر رہے ہیں اور انھیں یقین تھا کہ نازی پارٹی کا اصل مقصد، یعنی طاقت اور اختیار کا پھیلاؤ، ان کی مٹھی میں آ چکا ہے۔

نازیوں نے یہودیوں کو مشترکہ دشمن اس لیے قرار دیا تا کہ عوام کو اپنی جانب گامزن کیا جا سکے اور انھیں متحرک کیا جائے۔ علاوہ ازیں انھیں ایک ایسے دشمن کے وجود کی بھی ضرورت تھی جس کے خلاف وہ اپنی عوام کی تربیت کر سکیں۔ لہٰذا اگر نازی پارٹی دنیا میں موجود آخری یہودی کو بھی قتل کر لینے میں کامیاب ہو جاتی تو یہ لازم تھا کہ اس کے بعد بھی انھیں کسی دشمن کے وجود کی ضرورت پیش آتی۔

مطلق العنان ریاست کا ایک ہی قانون ہوتا ہے اور وہ اس کی تحریک کا مرکز ہے۔ اور اس کے نظریے کا کردار یہ ہوتا ہے کہ وہ لوگوں کو جوڑے اور اس مرکزی مقصد کے حصول کے لیے متحرک کرے اور کسی بھی ایسے دیگر نظریات کو اپنے ساتھ ملا لے جو سماج میں پھیلنے کے لیے موثر ہو۔ آخر کار جو چیز اہم رہ جاتی ہے وہ محض یہ تحریک اور اس کا پھیلاؤ ہے۔ لہٰذا ہر وہ چیز جو مقاصد کے حصول میں معاون نہیں ہوتی اس کی کوئی اہمیت نہیں ہوتی اور اس کے علاوہ ہر چیز مقصد کے لیے کام کر رہی ہوتی ہے۔

عوام میں موجود ہر وہ شخص جو مطلق العنانیت کی تحریک کا حصہ بنتا ہے وہ انسان کم اور مشین کا ایک پرزہ زیادہ بن جاتا ہے۔ جب کوئی شخص کسی مشین کا حصہ بن جائے تو اس میں انسانی خصوصیات مثلاً آزادانہ فکر اور عمل ختم ہو جاتا ہے۔ ایک اہم طریقہ جس کو استعمال کر کے مطلق العنان حکومتیں انسانوں سے ان کی خصوصیات چھین لیتی ہیں، وہ جان بوجھ کر ان میں برجستگی کو ختم کرنا ہے۔ برجستگی کا حقیقی مطلب اپنی خواہشات بنانا اور اپنی من مرضی کرنا ہے۔ مطلق العنان ریاستوں میں فرد اپنے مفادات کے حصول کے لیے کام نہیں کرتا بلکہ اس کی زندگی

کے تمام کام اس ایک مقصد کے حصول کے لیے ہوتے ہیں۔ آپ کہہ سکتے ہیں کہ مطلق العنان ریاست میں افراد اپنی من مرضی اور آزادی و شعور سے اپنی زندگیوں پہ اختیار نہیں رکھتے بلکہ ان کی زندگیاں ان کے رہنما کی خواہشات کے مطابق چل رہی ہوتی ہیں۔

اس لیے مطلق العنانیت کے ماحول میں موجود ایک فرد سے اس نظریے کے متعلق بامعنی گفتگو اور بادلیل مکالمہ بہت مشکل ہے کیونکہ اس کے لیے آزادانہ فکر اور سمجھ بوجھ کا ہونا لازمی ہے۔ اور جب لوگ کسی باشعور فیصلے تک پہنچنے کے بجائے اپنے حقوق اور ذمہ داریوں سے دستبردار ہو جائیں، تو اپنے فیصلوں کو تنقیدی طور پر پرکھنے کی قوت سے محروم ہو جاتے ہیں یا وہ ایسا کرنا نہیں چاہتے۔ وہ اس سے واقف نہیں رہتے کہ درحقیقت وہ کیا ہیں اور وہ کیا کچھ کر سکنے کی طاقت رکھتے ہیں۔

جب آپ اپنی زندگی اپنے اختیار اور مرضی سے گزار رہے ہوتے ہیں تو آپ کے پاس یہ صلاحیت ہوتی ہے کہ آپ دیکھ سکیں کہ آپ کیا کر رہے ہیں اور آپ کیا کچھ کر چکے ہیں اور ایسا کیوں ہوا ہے۔ اور یہ بھی کہ کیا اگلی مرتبہ آپ کو ایسا ہی کچھ کرنا چاہیے یا اس سے مختلف۔ اگر کچھ بھی کرنے کے لیے آپ کا ارادہ حقیقی معنوں میں آپ کا اپنا نہیں تھا تو آپ کے پاس کوئی بامعنی مقام نہیں رہے گا جہاں کھڑے ہو کر آپ اپنا جائزہ لے سکیں۔

خوف اور کسی بھی عمل کا بار بار مسلسل دوہرایا جانا بھی آزادانہ خواہش اور برجستگی کو ختم کرنے کے لیے استعمال کیا جاتا ہے۔ تشدد کا بار ہا اور عمومی استعمال نہ صرف لوگوں کو نظریے سے جڑے رہنے کے لیے خوفزدہ کرتا ہے بلکہ انھیں تشدد اور ہلاکتوں کے متعلق بے حس بنا دیتا ہے۔ اور جب تشدد اور ہلاکتوں کا استعمال ایک مستقل مشینی اور غیر جذباتی عمل بن جائے تو دونوں فریق چاہے وہ متاثرہ ہو یا ظالم دونوں ہی اس کے متعلق بے حس ہو جاتے ہیں۔ جب یہ صورت حال بن جاتی ہے تو دونوں اطراف غیر انسانی رویے کے حامل ہو جاتے ہیں، اس کے نتیجے میں ظلم کا پہیہ مزید چلتا رہتا ہے۔ ہم ان عقوبت خانوں کو دیکھ سکتے ہیں جو مطلق العنان ریاستوں نے تعمیر کیے جہاں غیر انسانی انتہا تک پہنچنے کے لیے سفاکی کا بے باک استعمال ہوتا تھا۔

یہودی افراد کو غیر انسانی رویے کی طرف دھکیلنے کے لیے بہت پروپیگنڈہ کیا گیا اور ایک مخصوص بیانیہ گھڑا گیا، میڈیا میں انھیں حشرات الارض اور کیڑے مکوڑوں سے تشبیہ دی جاتی تھی۔ اور جب عقوبت خانے کام کرنے لگے تو تشدد کا انتہائی عمل جس کے دوران لوگوں کو ہلاک کیا جاتا تھا تو وہ اس قدر مشینی اور خود کار طریقے سے انجام دیا جاتا تھا کہ شاید ہی کسی فرد کو کچھ سوچنے یا کوئی اور فیصلہ کرنے کا موقع ملے۔ اس عمل کے دوران قاتل اور مقتول دونوں ہی انسانیت کے بنیادی خواص سے محروم ہو چکے تھے۔ ان عقوبت خانوں کا چلتا ہوا مسلسل مشینی انداز مطلق العنانیت کے مقاصد کی مکمل پیروی کا عملی نمونہ تھا۔

تاریخِ انسانی میں ایسا کئی بار ہوا ہے کہ جب مطلق العنانیت کے خون آشام درندے نے اپنا سر اٹھایا ہو اور ایسی کوئی وجہ نظر نہیں آتی کہ ہم یہ یقین رکھیں کہ آئندہ ایسا نہیں ہوگا۔ ہماری خوش قسمتی کہ ہم اس کے ظہور کی فکری مزاحمت کے پہلو

چند نشانیوں سے آگاہ ہو گئے ہیں اور ان میں سے سب سے اہم اور نمائندہ نشانی جس کے سبب یہ زور پکڑتی ہے، وہ تنہائی ہے۔

جب بھی لوگ تنہا ہوتے ہیں اور انھیں لگتا ہے کہ وہ اپنے سماج سے جدا ہو گئے ہیں تو وہ مطلق العنان تحریک کا آسان نشانہ بن جاتے ہیں۔ کیونکہ جب آپ اپنے سماج سے جدا ہوتے ہیں تو آپ اپنے آپ سے جدا ہو جاتے ہیں۔ اگر آپ کو ایسا محسوس ہو کہ سماج نے آپ کو پھینک دیا ہے یا آپ سماج میں ان چاہے ہیں تو امکانات ہیں کہ آپ لوگوں کے ساتھ بامعنی تعلقات کھو دیں۔ یہ صورت اس وقت بھی جنم لیتی ہے جب آپ کو لگے کہ اب سماج میں میرے لیے کوئی جگہ باقی نہیں ہے تو اس میں شرکت کے متعلق کیوں فکر مند رہوں؟

اس حالت کے عین مرکز میں یہ گنجائش موجود ہوتی ہے کہ اس خلا کو کسی اور ذریعے سے پُر کر لیا جائے۔ اس خلا کو بھر لیجیے اور لوگوں کو یہ احساس دلائیے کہ وہ ایک بار پھر سے جڑے ہوئے ہیں۔ یہ صورت لوگوں کو مطلق العنان تحریک کا شکار بنانے کے لیے بہت سودمند ہے جو ہمیشہ ایسے بہت سے وعدے کرتی ہے کہ اب تم کسی بڑے مقصد سے جڑ گئے ہو۔ چونکہ تنہائی دنیا بھر کا ایک بڑا مسئلہ ہے۔ لہٰذا ہمیں مطلق العنانیت سے متعلق ہمیشہ ہی خبردار رہنا ہو گا اور اس خطرے سے آگاہ رہنا ہو گا جو اس کی جانب سے انسانی حقوق کو درپیش رہتا ہے۔ پُر امید بات یہ ہے کہ ہمیشہ ہی وہ صورت موجود رہتی ہے جس کی مدد سے ہم مطلق العنانیت کو جڑ پکڑنے سے روک سکتے ہیں۔ اس کی کلید یہ ہے کہ اس انسانی صفت کو زندہ رکھیے جسے یہ تباہ کر دینے پہ تلی رہتی ہے اور وہ ہے انسان کی برجستگی۔

اگرچہ مطلق العنان ریاستوں نے انسانوں کی برجستگی کا قتل کر کے کامیابیوں کا سفر طے کیا ہے مگر یہ برجستگی ہی تھی جس نے پہلی بار مطلق العنانیت کے نظم کو پروان چڑھایا۔ سب سے پہلے یہ سمجھنا لازم ہے کہ نتائج کو سوچے سمجھے بغیر برجستہ فیصلوں کے نتیجے میں بے یقینی پر مشتمل حکومت قائم ہو سکتی ہے جس کے نتیجے میں حقوق انسانی پامال ہوں گے۔ ایسی صورت میں مطلق العنان رہنما اقتدار میں آ سکتے ہیں جو خود کو خدا سمجھتے ہیں۔ لہٰذا یہ لازم ہے کہ ہم اپنے ماضی سے سیکھیں اور اپنے انسانی خواص بشمول برجستگی اور آزادانہ فکر کو استعمال میں لائیں تا کہ ہمارا سماج مطلق العنانیت سے محفوظ رہ سکے۔ ہمیں چاہیے کہ اپنے سماج کی ایسی تعمیر میں پُر زور حصہ لیں جو اجتماعیت کو فروغ دیتا ہو اور اس میں دراڑ نہ ہو۔ اور اس امر کو یقینی بنانے کے لیے کہ سماجی تنہائی کی لعنت سماج کو اپنی لپیٹ میں نہ لے سکے۔ ہمیں ایسی حکومتیں قائم کرنا ہوں گی جن کی موجودگی میں تمام لوگوں کو اپنی نمائندگی محسوس ہو۔

یہ نکتہ بھی اہم ہے کہ ہمیں اپنی حکومتوں پر نگرانی رکھنا ہو گی تا کہ اس کی قیادت مطلق العنان خواہشات نہ اپنا لے اور جمہوری حکومتوں کو آمریت میں نہ بدل دے۔ اگر درست قوانین موجود ہوں تو ہم اپنے انسانی خواص بشمول برجستگی کو یہ موقع دے سکتے ہیں کہ وہ مطلق العنانیت کی نشانیاں ظاہر ہونے پر ایسی حکومت کے خلاف فوری عمل میں آ جائے، اس سے پہلے کہ اسے روکنا اختیار میں نہ رہے۔

سماج میں اس لمحے مطلق العنانیت کا خطرہ بہت بڑھ جاتا ہے جب اکثریت اپنے آپ کو سیاسی طور پر



فکری مزاحمت کے پہلو

لاتعلق سمجھنے لگے اور اس کو یہ یقین ہو جائے کہ جمہوریت ایک نا کام نظام حکومت ہے۔ جب یہ لاتعلقی جنم لیتی ہے
یہ خطرہ بڑھ جاتا ہے کہ لوگ مطلق العنان تحریکوں میں شامل ہو سکتے ہیں۔ مطلق العنان تحریک لوگوں کو وہ اتحاد مہیا
کرتی ہے جس کے خلاف وہ ایک ساتھ کھڑے ہو سکتے ہیں۔ اس دوران وہ انسانوں کی آزادانہ خواہش اور برجستگی
کا بھی خاتمہ کر دیتی ہے۔ یہ سب ایک بار بار بار دہرائے جانے والے نظریے کے سبب ہوتا ہے جس کے دوران
پروپیگنڈے اور خوف کا استعمال کیا جاتا ہے تاکہ عوام الناس مطلق العنان رہنما کی خواہشات پر عمل کرتی رہے اور
اپنے آزادانہ فیصلے کی صلاحیت سے محروم ہو جائے۔ انسانوں کے خواص جن میں آزادانہ فکر اور برجستگی شامل ہے،
ان کے تحفظ اور عوامی خواہشات کی نمائندہ حکومتوں کے قیام سے ہم مستقبل میں مطلق العنان حکومتوں سے انسانیت
کو محفوظ رکھ سکتے ہیں۔

[بشکریہ 'تجزیات آن لائن'، یکم جولائی 2019]

# جمہوریت اور پاپولزم میں فرق

## ابوبکر صدیق بٹ

اگر سوال الیکشن کے طریقۂ کار تک محدود کر لیں تو دونوں میں کوئی فرق نہیں، اکثریت کی رائے ہی فیصلہ کن ہے۔ لیکن اگر سطح سے نیچے دیکھنے کی سعی کریں تو دونوں متصادم معلوم ہوتے ہیں۔

جمہوریت ایک ایسے مسلسل عمل کا نام ہے جو درمیانی راستہ نکالنے کا ہدف رکھتی ہے جبکہ پاپولزم 'واحد حل' کا دعویٰ ہے۔ جمہوریت کے لیے سیاست 'گرے ایریا' ہے، دوسری طرف پاپولزم کے لیے سیاست 'حق و باطل' کا معرکہ۔ اول ذکر انسانی دانش، تجربے اور غلطیوں سے مملو ہے ثانی ذکر صادق و امین مسیحا کی تلاش کا نام ہے۔ جمہوری نظام میں رہتے ہوئے اس کی خامیوں کو قطرہ قطرہ دور کرنے کی صبر آزما جدوجہد ہے جو کئی نسلوں پر محیط ہے، پاپولزم سطحی بیانیے سے پرانی عمارت اور روایات کو روند کر لمحوں میں نئی تعمیر کا سہانہ مگر بوسیدہ خواب ہے۔ جمہوریت میں آپ اختلاف رائے رکھتے ہیں اور پاپولزم میں دشمنی۔

اگر الیکشن ہی جمہوریت کے لیے کافی ہوتے 1932 میں ہٹلر کی پارٹی نے رائخ سٹاگ جرمن پارلیمنٹ میں سب سے زیادہ نشستیں حاصل کیں لیکن صدر نہ بن سکا، چانسلر کا عہدہ لے لیا۔ اگلے سال فروری میں جب پارلیمنٹ کو جلا دیا گیا اور صدر کی موت کے بعد خلا کا فائدہ اٹھاتے ہوئے صدارت اور چانسلر کے منصب کو مدغم کر کے فیورر بن گیا، باقی تاریخ ہے۔

اس سے دس سال پہلے 1924 میں مسولینی جس الیکشن میں اٹلی کا سب سے جوان وزیراعظم بنا وہ بھی اسی طرز کی کہانی ہے۔ الیکشن سے پہلے مسولینی نے جو لڑنے والوں کا گروہ 'تشکیل دیا اس میں انارکسٹ، غیر مطمئن سوشلسٹ، ریٹائرڈ فوجی اور بے چین انقلابی شامل تھے۔ ملکی حالات کا فائدہ اٹھاتے ہوئے بادشاہ وکٹر ایمانول سوم کو مجبور کیا کہ وہ مسولینی کے جتھوں سے مدد مانگے اور جب موقع ملا تو مسولینی نے روم پر چڑھائی کر دی۔ 1924 کا الیکشن تو بس ایک رسی کا روائی تھی۔ برنارڈ کا میں مسولینی کی شخصیت کا خاکہ پڑھیں، پاپولسٹ اور فاشسٹ کی



فکری مزاحمت کے پہلو

At rallies—surrounded by supporters wearing black shirts—Mussolini caught the imagination of the crowds. His physique was impressive, and his style of oratory, staccato and repetitive, was superb. His attitudes were highly theatrical, his opinions were contradictory, his facts were often wrong, and his attacks were frequently malicious and misdirected; but his words were so dramatic, his metaphors so apt and striking, his vigorous, repetitive gestures so extraordinarily effective, that he rarely failed to impose his mood.

پاپولزم جمہوریت کے لبادے میں فاشزم اور انانیت کے سوا کچھ نہیں، اکثریت کا استبداد اور غالب بیانیے کو واحد حل ماننا بھی جمہوریت کی روح کے منافی ہے۔

ہنگری کے وکٹر اور بان پالولرزم کی بہترین مثال ہیں۔ مئی 2022 میں چوتھی مرتبہ دو تہائی اکثریت لینے میں کامیاب ہوئے ہیں، ان کی 'فیڈیز پارٹی' ایک دہائی سے برسرِ اقتدار ہے، الیکشن تواتر سے اپنے وقت پر ہو رہے ہیں لیکن 2022 میں ہی یورپی یونین ممبران کی رپورٹ کے مطابق ہنگری ایک جمہوری ملک نہیں رہا، رپورٹ کے الفاظ یہ ہیں:

The country should be considered a "hybrid regime of electoral autocracy" in which elections are regularly held but without respecting basic democratic norms.

دھیان رہے کہ یورپی یونین کے لیے یہ پہلی دفعہ ہے کہ اس نے اپنے ممبر ملک کو جمہوریت کی پاسداری نہ کرنے پر غیر جمہوری قرار دیا ہے، اور اس کا الزام ایک دہائی سے جیتنے والے اوربان' پر لگایا ہے۔ ان انتخابات پر غیر ملکی مبصرین کا تجزیہ بہت دلچسپ ہے: انتخابات 'آزادانہ' ہیں 'منصفانہ' نہیں۔ آزادانہ اور منصفانہ کا یہی فرق جمہوریت اور پاپولزم میں امتیاز کرتا ہے۔

جمہوریت میں پاپولزم کا پیدا ہونا فطری عمل ہے، بلکہ یہ جمہوریت کا امتحان بھی ہے۔ یہ جمہوریت پسند سیاست دانوں اور روایتی سیاسی پارٹیوں کا امتحان ہے کہ وہ کیسے ان عناصر کو مرکزی دھاروں سے الگ رکھتے ہیں۔ 'جمہوریتیں کیسے فنا ہوتی ہیں' نامی کتاب کے دیباچے میں جو امریکا میں پاپولزم کا عروج اور اس کا ڈونلڈ ٹرمپ پر اطلاق کرتی ہے اسی نکتے پر زور دیتی ہے:

We know that extremist demagogues emerge from time

to time in all societies, even in healthy democracies.
The US has had its share of them, including Henry
Ford, Huey Long, Joseph McCarthy and George
Wallace. An essential test for democracies is not
whether such figures emerge but whether political
leaders, and especially political parties, work to prevent
them from gaining power in the first place□by keeping
them off mainstream party tickets, refusing to endorse
or align with them, and when necessary, making
common cause with rivals in support of democratic
candidates. Isolating popular extremist requires
political courage.

جمہوریت 'غالب بیانیے' اور 'اکثریت' کے جبر کے نفاذ کا نام نہیں بلکہ اختلاف رکھنے والے مختلف
رائے گروہوں کے درمیان مفاہمت اور قابل قبول راستہ نکالنے کا نام ہے۔

کیا ہم کسی مسیحا کے منتظر ہیں؟ کیا ہم پیچیدہ سوالات کے آسان اور فوری حل پر ایمان رکھتے ہیں؟ کیا
ہم کسی نظام کے نامیاتی ارتقا اور مسلسل جدوجہد پر یقین رکھتے ہیں یا ماضی کے سنہری دور کی طرف لوٹ جانے کے
خواب دیکھنا پسند کرتے ہیں؟

وطن عزیز کی جمہوریت کا حال تو سب جانتے ہیں، چارٹر آف جمہوریت کا سنگ میل جب آیا تو امید
بندھی کہ اب ناؤ سنبھل رہی ہے لیکن اس کے بعد پھر تاریک دور۔ جس طرح غربت جہالت کے لیے زرخیز میدان
مہیا کرتی ہے اسی طرح ایسے معاشرے جہاں معیشت کمزور ہو، آبادی اور وسائل میں تناسب نہ ہو، خواندگی کی شرح
شرمناک حد تک گری ہوئی ہو، جمہوری روایات کمزور ہوں وہاں پاپولسٹ اور جذبات انگیز راہنماؤں کے لیے
ماحول بہت سازگار ہوتا ہے۔ اگر ہم نے اس سطحی نعروں اور بے بنیاد دعووں کو نہیں پہچانا تو ہماری نسلیں بھی بقول
استاذی وجاہت مسعود 'اس ہجوم میں شامل ہو جائیں گے جس کی قسمت میں وزیر آباد کا مقتول معظم نواز، لاہور کا ظل
شاہ اور گزشتہ ہفتے مارے جانے والے درجن بھر گمنام شہری ہونا لکھا ہے۔ این خانہ ہمہ 'خوناب' است۔'

[بشکریہ 'ہم سب'، 18 مئی 2023]

# بے حسی

انتو نیو گرامچی

ترجمہ: اقبال اختر

اس کا پورا نام انتو نیو فرانسسکو گرامچی تھا۔ وہ اٹلی کے جزیرہ ساروینیا میں 22 جنوری 1891 میں پیدا ہوا۔ گرامچی نے سنگین غربت اور افلاس زدہ ماحول میں آنکھ کھولی۔ پھر اس کے باپ کو سیاسی سازش کے تحت جیل بھجوایا گیا اور یوں ماں پر سات بچوں کی پرورش کا بوجھ آن پڑا۔

گرامچی بچپن سے ہی مختلف بیماریوں کا شکار ہوا۔ وہ جسمانی طور پر بہت نحیف و لاغر شخص تھا۔ اس کے ذہن میں بغاوت کی پہلی چنگاری نے اس وقت جنم لیا جب اس نے سیکنڈری اسکول کی تعلیم امتیازی حیثیت سے ختم کرنے کے باوجود حالات نے اسے مزید تعلیم جاری رکھنے نہ دیا۔

1904 میں جب باپ جیل سے رہا ہوا تب معاشی حالت قدرے بہتر ہوئی اور گرامچی کو اسکول میں داخل کر دیا گیا۔ اس دور میں گرامچی نے سوشلزم پڑھنا شروع کیا۔

اس کے بعد گرامچی اسکالرشپ لے کر تورین یونیورسٹی داخل ہوا لیکن اسکالرشپ بھی اس کی تنگدستی کا مداوا نہ کر سکی۔

اپریل 1915 میں یونیورسٹی کی تعلیم کا سلسلہ ہمیشہ کے لیے بند ہو گیا، لیکن یہ گرامچی کے لیے اس حوالے سے سودمند ہوا کہ وہ تنہائی کے اس خول سے، جس میں وہ اب تک قید تھا، باہر نکل آیا اور زندگی کے میدان عمل میں کود پڑا۔ عملی سیاست میں حصہ لینے کے ساتھ ساتھ صحافت کے میدان میں بھی اس کے وہ جوہر کھلے جو تنہائی میں نشوونما پا رہے تھے۔ اسی دور میں اس کے ادراک و احساس میں سوشلزم کا فلسفہ پوری طرح جذب ہو چکا تھا اور وہ اب مکمل طور پر انقلابی بن چکا تھا۔ اس وقت اس کی عمر 25 سال تھی۔

1921 میں وہ اٹلی کی کمیونسٹ پارٹی کا بانی ممبر بنا۔ 1922 میں وہ کمیونسٹ پارٹی کے ممبر کے بطور ماسکو گیا اور وہاں ایک سال تک رہا۔ وہاں ایک بہت ہی جاذبِ نظر نوجوان لڑکی جولیا شوخت اس کی محبوبہ اور اس کی ساتھی بنی، اس کی بیوی بنی اور اس کے دو بیٹوں کی ماں بنی۔

16 مئی 1925 کو گرامچی کا پارلیمنٹ میں مسولینی کے ساتھ پہلی بار آمنا سامنا ہوا۔ مسولینی فاشسٹ پارٹی کا لیڈر تھا اور گرامچی بائیں بازو والے اپوزیشن کا لیڈر۔

فاشسٹ مسولینی اس کی موت کے درپے ہو گیا۔ کمیونسٹ پارٹی اس کی حفاظت کے لیے ہمہ وقت خبردار رہتی تھی۔

8 نومبر 1926 کو مسولینی کی فاشسٹ پولیس نے گرامچی کو حراست میں لے لیا۔ کمیونسٹوں کے لیے جیلیں اذیت گاہیں ہوتی ہیں ۔ کوئی انسانی حقوق پھر نہیں ملتے خواہ وہ بنیادی ہوں یا غیر بنیادی۔

اس طرح گرامچی کی بقیہ زندگی کے آخری دس سال سخت ترین بیماریوں میں فاشزم کی کال کوٹھڑیوں میں بسر ہوئے جہاں اس نے طرح طرح کی نا قابلِ بیان ذہنی اور جسمانی اذیتوں کو جھیلا۔ وہاں اس نے کئی جلدوں اور تین ہزار صفحات پر مشتمل "جیل نوٹ بکس" لکھے۔ اور آخر 27 اپریل 1937 کی صبح فاشسٹ حکومت کا سب سے بڑا باغی اور مارکسزم کا داعی صرف 46 سال کی عمر میں ہمیشہ ہمیشہ کے لیے خاموش ہو گیا۔

جیل میں اس نے 33 کتابیں لکھیں۔ سچی بات یہ ہے کہ اگر کارل مارکس اور اینگلز نے کیپٹل ازم پہ لکھا، لینن نے امپیریلزم پر، تو دیمترووف اور گرامچی نے فاشزم پہ لکھا۔

بے حسی حقیقتاً ایک مؤثر تاریخی قوت کی حیثیت رکھتی ہے مگر منفی معنی میں ۔ جو کچھ پیش آتا ہے، چاہے وہ ایسی بدی ہو جو سبھی پر اثر انداز ہوتی ہے یا چاہے وہ ایسی ممکنہ نیکی ہو جو کسی عمومی جرات مندانہ اقدام کا نتیجہ ہو؛ وہ چند فعال افراد کی پہل قدمی کا اتنا نتیجہ نہیں ہوتا، جتنا کہ وہ کثیر افراد کی بے حسی، عدم شرکت کا حاصل ہوتا ہے ۔ جو کچھ پیش آتا ہے، اس کا بڑا سبب یہ نہیں ہوتا ہے کہ کچھ لوگ اس کی خواہش کرتے ہیں بلکہ اس کی بڑی وجہ یہ ہوتی ہے کہ شہریوں کی بڑی اکثریت اپنی ذمہ داری کو تج دیتی ہے اور جو کچھ ہوتا ہے، اسے ہونے دیتی ہے ۔ وہ ایسی گرہیں پڑنے دیتے ہیں جنہیں وقت گزرنے کے بعد تلوار سے ہی کاٹا جا سکتا ہے؛ وہ ایسے افراد کو اقتدار پر قابض ہونے دیتے ہیں، جنہیں وقت گزرنے پر صرف بغاوت کے ذریعہ ہی ہٹایا جا سکتا ہے ۔ تاریخ پر جو قسمت پرستی حاوی نظر آتی ہے، دراصل وہ اسی بے حسی، اسی عدم شرکت کا پرتَو ہے ۔ واقعات سایوں میں پروان چڑھتے ہیں ۔ چند ہاتھ جو کسی کے بھی سامنے جوابدہ نہیں ہوتے، اجتماعی زندگی کا تانا بانا تیار کرتے ہیں ۔ عوام الناس کو ان واقعات کی اصلیت کا کبھی علم نہیں ہو پاتا ۔ ایک عہد کی قسمت کا فیصلہ نہایت تنگ مفادات کے افق کو فعال افراد

کے چھوٹے چھوٹے گروہوں کے فوری مقاصد کو پیش نظر رکھ کر ہی کیا جاتا ہے اور عوام الناس اس سے بے خبر ہی رہتے ہیں۔مگر جو واقعات سایوں میں پروان چڑھتے ہیں، وہ سامنے آ جاتے ہیں؛ سایوں میں بُنا گیا پارچہ تکمیل پاتا ہے اور ہر سُو ہر فرد پر یہ احساس طاری ہو جاتا ہے کہ بس یہی ہونا تھا اور یہی ہو کر رہا۔اس وقت ایسا محسوس کیا جاتا ہے کہ تاریخ ایک مافوق الفطرت قدرتی وقوعہ ہے، ایک اُبال ہے، ایک زلزلہ ہے اور ہم سب اس کے صید لا چار ہیں، وہ بھی جو اس وقوعہ کے خواہش مند تھے اور وہ بھی جو اس کے آرزو مند نہیں تھے۔ وہ بھی جو فعال تھے اور وہ بھی جو بے حس تھے۔ اور پھر ہی بے حس لوگ برافروختہ ہوتے ہیں اور نتائج سے اپنا دامن بچانے کی کوشش کرتے ہیں۔ وہ اعلان کرتے ہیں کہ ان کی قطعی یہ خواہش نہیں تھی کہ ایسا ہوتا، اس لیے وہ اس کے لیے قطعی ذمہ دار نہیں ہیں۔ کچھ لوگ بڑی بیچارگی کے عالم میں ماتم کرتے ہیں اور کچھ لوگ اونچے سُروں میں آہ و بکا کرتے ہیں مگر ایسے افراد کم ہی ہوتے ہیں جو خود سے یہ دریافت کریں؛ اگر میں نے فرد کی حیثیت سے اپنا فریضہ انجام دیا ہوتا، اگر میں نے اپنی آواز بلند کی ہوتی، اپنی رائے کا اظہار کیا ہوتا تو کیا وہ ہوتا جو ہوا؟ لیکن ایسے افراد کم ہی ہوتے ہیں جو اپنی بے حسی، اپنی قنوطیت کو مورد الزام گردانیں، ان سیاسی اور معاشی گروہوں کو اخلاقی اور مادی مدد دینے میں اپنی ناکامی کو ذمہ دار تسلیم کریں جو کسی مخصوص بدی سے بچنے یا کسی مخصوص نیکی کو فروغ دینے کے لیے کوشاں تھے۔ اس کے برعکس، ایسے لوگ نظریات کی ناکامی، منصوبوں کی ناگزیر شکست اور ایسی ہی باتوں سے اپنا دل بہلانے لگتے ہیں۔ان کی بے حسی اور قنوطیت بدستور جاری و ساری رہتی ہے۔ کل سے وہ ایک بار پھر واقعات کے لیے براہ راست یا بالواسطہ ذمہ داری سے دست بردار رہنے کی زندگی جینے لگتے ہیں۔اس کا مطلب یہ نہیں ہے کہ وہ حالات سے لاعلم ہوتے ہیں یا وہ سنگین ترین مسائل کے نہایت شاندار حل پیش کرنے کی صلاحیت نہیں رکھتے، مگر یہ حل شاندار طریقے سے بانجھ ہی رہتے ہیں۔ اخلاقی حس کی کوئی چنگاری ان لوگوں کو اجتماعی زندگی میں حصہ لینے پر آمادہ نہیں کرتی، بلکہ یہ لوگ اجتماعی زندگی کو ذہنی عیاشی کا محض ایک ذریعہ سمجھتے ہیں۔ ان میں تاریخی ذمہ داری کے احساس کا قطعی فقدان ہوتا ہے، جو افراد کو زندگی میں فعال کردار ادا کرنے پر انگیخت کرتا ہے، جو کسی قسم کی بے یقینی یا بے حسی کی گنجائش نہیں چھوڑتا۔ چنانچہ، ہر شخص نہ صرف اس کے لیے جوابدہ ہے جو اس نے کیا ہے، بلکہ خصوصی طور پر اس کے لیے بھی جواب دہ ہے جو اس نے نہیں کیا۔

[بشکریہ ’شعور‘، ایڈیٹر: بلراج مینرا، مارچ 1979، نئی دہلی]

# سیاسی جماعت کے کردار

## فرانز فینن

### ترجمہ: محمد پرویز/سجاد باقر رضوی

فرانز فینن کو اپنے وقت کے سب سے بااثر نوآبادیاتی مخالف مصنف (anti Colonial writer) کے طور پر جانا جاتا ہے وہ ایک ماہر نفسیات، سیاسی ورکر، سیاسی و سماجی فلاسفر، مارکسسٹ، قبضہ گیریت اور نوآبادیاتی نظام کے خلاف ایک عملی جہدکار تھے۔ ان کی دانشورانہ تصانیفات، کتابیں اور تھیوریز مابعد نوآبادیاتی مطالعات، (Decolonization theories)، تنقیدی نظریہ (Critical Theories)، سیاہ فام افراد کی وجودیت (Black existentialism) مارکسزم کے شعبوں میں بے حد اثر انداز ثابت ہوئے ہیں جو کہ آج تک مظلوم اور مقبوضہ عوام کے رہنمائی کر رہے ہیں۔

فرانز فینن کی موت 6 دسمبر 1961 کو کینسر کی وجہ سے ہوئی۔ ان کی عمر اس وقت 36 برس تھی۔ ان کو جب کینسر کا علم ہوا تو انھوں نے الجزائر کی جنگ آزادی کی قیادت کو کہا کہ انھیں جنگ آزادی میں عملاً ایک جہدکار کے طور پر شامل کیا جائے کہ وہ ایک بند کمرے میں میز کے پیچھے کی موت نہیں چاہتے۔ انھوں نے وصیت کی تھی کہ انھیں "بن مہدی" نام کے قبرستان میں دفنایا جائے جہاں جنگ آزادی کے تمام شہیدوں کی آخری آرام گاہ ہے۔ اس قبرستان کا نام "بن مہدی" ایک الجزائری جنگ آزادی کے شہید کے نام پر رکھا گیا ہے جس نے بہادری اور دلیری سے فرانسیسی افواج کا مقابلہ کیا اور شہید ہو کر امر ہو گیا۔ فینن کو اسی بن مہدی قبرستان میں دفنایا گیا۔ فینن کو الجزائری معاشرے میں فرانز ابراہیم فینن کے نام سے بھی جانا جاتا ہے۔

زیر نظر تحریر ان کی شہرہ آفاق کتاب 'The Wretched of the Earth' (افتادگان

تاریخ ہمیں واضح طور پر یہ بتاتی ہے کہ استعمار کے خلاف جنگ براہ راست قومیت کے خطوط پر نہیں لڑی جاتی۔ مقامی باشندہ ایک عرصہ دراز تک چند خاص بدعنوانیوں؛ مثلاً جبری محنت، جسمانی سزا، تنخواہوں میں عدم مساوات، محدود سیاسی حقوق وغیرہ کو دور کرنے میں اپنی توانائی صرف کرتا رہتا ہے۔ انسانیت پر ظلم کے خلاف جمہوریت کی یہ جنگ آہستہ آہستہ اور بعض اوقات وقت طلب مراحل سے گزر کر، خیالی بین الاقوامیت کے جھمیلوں سے نکلتے ہوئے قومیت کی صورت میں رونما ہوتی ہے۔ یہ بھی ہوتا ہے کہ تعلیم یافتہ طبقے میں تیاری کا نہ ہونا، ان کے اور عوام کے درمیان عملی روابط کی عدم موجودگی، ان کی کاہلی اور یہ بھی کہہ لیجیے کہ جدوجہد کے فیصلہ کن لمحات میں ان کی بزدلی، یہ تمام چیزیں المناک حادثوں کو جنم دیتی ہیں۔ ....

اب ہم پسماندہ ممالک میں سیاسی جماعت کے کردار کا جائزہ لیتے ہیں۔ گذشتہ صفحات میں ہم یہ دیکھ چکے ہیں کہ بسا اوقات یہ سادہ لوح لوگ جو نوزائیدہ بورژوا کے طبقے سے بھی ہوتے ہیں، ہمہ وقت یہی دہراتے رہتے ہیں کہ پسماندہ ممالک میں نظم و نسق کے لیے مضبوط اقتدار یا بہ الفاظ دیگر آمریت کی ضرورت ہوتی ہے۔ اس آمریت کے پیش نظر جماعت کو لوگوں کی نگرانی کا کام سونپا جاتا ہے۔ جماعت انتظامیہ اور پولیس کی نائب بن کر عوام کی رہبری کرتی ہے۔ یہ اس لیے نہیں کہ عوام کو فی الواقعی قومی حکومت میں حصہ دار بنایا جائے بلکہ محض اس لیے کہ انھیں یہ مسلسل یاد دلایا جائے کہ حکومت ان سے فرمانبرداری اور نظم و ضبط کی توقع رکھتی ہے۔ وہ مشہور آمریت، جس کے حامی یہ سمجھتے ہیں کہ یہ تاریخی عمل کی پیداوار ہے اور جسے وہ طلوع آزادی کا ایک ناگزیر ابتدائیہ خیال کرتے ہیں، درحقیقت بورژوا طبقے کی اس فیصلہ کی علامت ہے جس کے مطابق اول اول تو یہ طبقہ عوام کے تعاون سے اور پھر جلد ہی عوام کی مرضی کے خلاف حکومت کرنا شروع کر دیتا ہے، جماعت کی محکمہ اطلاعات کی شکل میں بتدریج کایا کلپ اس کی نشانی ہے کہ حکومت زیادہ سے زیادہ مدافعتی انداز اختیار کر رہی ہے۔ عوام کے منتشر انبوہ کو ایک اندھی طاقت سمجھا جاتا ہے جس پر مسلسل قابو رکھنا ضروری ہے، خواہ وہ گمراہ کرنے کی صورت میں ہو یا پھر پولیس سے خوفزدہ کر کے۔ جماعت ایک پیمانہ اور ایک دفتر اطلاعات کا کام سر انجام دیتی ہے۔ متشدد کارکن کو مخبر میں تبدیل کر دیا جاتا ہے۔ اسے دیہاتیوں کے خلاف تعزیری مہم کا کام سونپا جاتا ہے۔ ابھرتی ہوئی مخالف جماعتوں کو مار پیٹ اور خشت باری سے خاموش کر دیا جاتا ہے۔ حزب مخالف کے امیدوار اپنے گھروں کو جلتا ہوا دیکھتے ہیں۔ پولیس اپنی اشتعال انگیزیاں تیز تر کر دیتی ہے۔ ان حالات میں یہ یقینی ہے کہ جماعت کا کوئی مدمقابل نہ ہو گا۔ اور نناوے فیصد ووٹ حکومت کے امیدوار کے حق میں ہی پڑیں گے۔ یہاں یہ بتانا ضروری ہے کہ افریقہ میں بعض حکومتیں فی الواقع اس طرح برتاؤ کرتی ہیں۔ تمام مخالف جماعتوں کو جو بالعموم ترقی پسند بھی ہوتی ہیں، اس لیے وہ سرکاری معاملات میں عوام کے زیادہ عمل دخل کے لیے کام کرتی ہیں اور جن کی خواہش یہ ہوتی ہے کہ مغرور اور

دولت کے پجاری بورژوا کے قدم اکھاڑ دیے جائیں۔ اول اول تو انھیں پولیس کے ڈنڈوں اور جیل خانوں کی مدد سے خاموش کر دیا جاتا ہے اور پھر ان کے وجود کو نا کارہ بنا دیا جاتا ہے۔

افریقہ کے متعدد حصوں میں جو آزاد ہیں، سیاسی جماعتوں کو بڑے خوفناک طریقوں سے چونک دیا جاتا ہے۔ جماعت کے کسی رکن کی موجودگی میں تو لوگ خاموش رہتے ہیں، بھیڑوں کے گلے کی طرح برتاؤ کرتے ہیں اور حکومت یا رہنما کی شان میں قصیدے پڑھتے ہیں۔ لیکن جب شام پڑتی ہے تو گاؤں سے دور سڑکوں پر قہوہ خانوں میں یا دریا کے کنارے پر، نہ صرف لوگوں کی تلخ نا امیدی اور مایوسی، بلکہ ان کا کبھی ختم نہ ہونے والا غصہ بھی سنائی دیتا ہے۔ جماعت تک خیالات کے آزادانہ بہاؤ کو ایک بنیادی مقصد بنانے کی بجائے، ایک پردہ بن کر ایسے خیالات کے لیے رکاوٹ بنتی ہے۔ جماعت کے رہنماؤں کا رویہ فوج کے سارجنٹ میجر کا سا ہوتا ہے جو اکثر لوگوں کو صفوں میں خاموشی کی ضرورت کا احساس دلواتا رہتا ہے۔ یہ سیاسی جماعت جو اپنے آپ کو عوام کا خادم کہا کرتی تھی، جو یہ دعویٰ کیا کرتی تھی کہ اس کا نصب العین ہی رائے عامہ کے مکمل اظہار کے لیے کام کرنا ہے، جوں ہی استعمار حکومت اس کے سپرد کرتا ہے، وہ لوگوں کو واپس ان کے غاروں میں بھیجنے میں بڑی پھرتی سے کام لیتی ہے۔

جہاں تک قومی اتحاد کا تعلق ہے، جماعت یہاں بھی بہت سی غلطیاں کرتی ہے۔ مثال کے طور پر یہ کہ نام نہاد قومی جماعت نسلی تفرقات پر قائم جماعت کا سارا رویہ اختیار کر لیتی ہے۔ در حقیقت وہ ایک ایسا قبیلہ بن جاتی ہے جس نے اپنے آپ کو جماعت کی شکل میں ڈھال لیا ہو۔ یہ جماعت جو خود اپنی خواہش سے ہی قومی جماعت ہونے کا اعلان کرتی ہے اور جو بحیثیت مجموعی عوام کی نمائندگی کا دعویٰ بھی کرتی ہے، خفیہ طور پر، اور بعض اوقات کھلے عام بھی، ایک بھرپور نسلی آمریت کی تشکیل کر لیتی ہے۔ اب ہمیں بورژوا آمریت کے بجائے ایک قبائلی آمریت کا ظہور ہوتا نظر آتا ہے۔ وزرا کابینہ کے اراکین، سفیر اور مقامی حکام تک رہنما کے ہی نسلی گروہ سے، بلکہ بعض اوقات سیدھے اس کے ہی خاندان سے، چنے جاتے ہیں۔ اس قسم کی خاندانی حکومتیں خاندانی نسل کشی کے پرانے قانون کی طرف مراجعت کرتی نظر آتی ہیں اور جب ہمیں ایسی جماعت میں عیاری اور ایسے ذہنی اور روحانی افلاس کا سامنا کرنا پڑتا ہے تو اس پر غصہ نہیں بلکہ شرم آتی ہے۔ افریقہ کے حقیقی غدار حکومت کے یہی سربراہ ہیں جو اپنے ملک کو اپنے سب سے زیادہ خوفناک دشمن، یعنی حماقت کے ہاتھوں فروخت کر دیتے ہیں۔ یہ امر لازمی ہے کہ مرکزی اقتدار کو قبائلیت کا رنگ دینے کی یہ کوشش علاقائیت اور علیحدگی کے تصورات کو جنم دے گی۔ ایسی صورت میں لامرکزیت کے رجحانات پھر سے بیدار ہو کر فتح یاب ہو جاتے ہیں اور قوم ٹکڑے ٹکڑے ہو جاتی ہے۔ وہ رہنما جو کبھی افریقی اتحاد کا نعرہ لگا کر محض اپنے چھوٹے سے کنبے کو ذہن میں رکھتا تھا، بالآخر ایک صبح بیدار ہو کر یہ دیکھتا ہے کہ پانچ قبیلے اس پر سوار ہیں جو اپنے اپنے وزرا اور سفرا کی تقرری چاہتے ہیں۔ لیکن وہ اب بھی اپنی مستقل غیر ذمہ داری، بے خبری اور نفرت انگیزی کے سبب ان کی 'غداری' کی ملامت کرتا ہے۔

ہم متعدد بار رہنماؤں کے مضرت رساں اثرات کی جانب توجہ مبذول کرا چکے ہیں۔ یہ اس وجہ سے

ہے کہ بعض علاقوں میں جماعت کی تشکیل ٹولے کی طرز پر کی جاتی ہے جس میں سب سے طاقتور شخص سربراہ بن جاتا ہے۔ ایسے سربراہ کی بالادستی اور دوسروں پر اس کے اقتدار کا ذکر اکثر آتا ہے اور لوگ ہجو ملیح کے انداز میں یہ کہنے سے بھی نہیں ہچکچاتے کہ اس کا رعب و دبدبہ اپنے قربتی ساتھیوں پر بھی بہت ہے۔ ایسے متعدد خطرات سے بچنے کے لیے ایک مسلسل جدوجہد شروع کرنی ہوگی، ایسی جدوجہد جو بہ رضا و رغبت رہنما کا آلہ کار بننے سے روکے۔ 'رہنما' کا انگریزی متبادل 'لیڈر' انگریزی فعل 'ٹو لیڈ' یعنی 'رہنمائی کرنا' سے نکلا ہے، لیکن اس کا فرانسیسی ترجمہ بالعموم 'ہانکنا' کیا جاتا ہے۔ فی زمانہ نہ ہانکنے والوں یا عوامی بھیڑوں کے گلڈریوں کا کوئی وجود نہیں ہے؛ نہ تو عوام گلہ ہیں اور نہ ہی انھیں ہانکنے کی ضرورت ہے۔ اگر رہنما مجھے ہانکتا ہے تو میں بھی اسے یہ احساس دلانا چاہتا ہوں کہ ہانکے جانے کے ساتھ ساتھ میں نے بھی اسے راہ دکھائی ہے۔ قوم کو محض ایسی چیز نہیں بن جانا چاہیے جس پر ہمیشہ کسی 'تیس مار خان' کی ہی حکومت ہو۔ اس طرح ہم اس دہشت کو سمجھ سکتے ہیں جو کسی رہنما کے بیمار پڑ جانے پر سرکاری حلقوں پر طاری ہو جاتی ہے۔ ان کے سامنے ہمیشہ یہ سوال ہوتا ہے کہ اس کی جگہ کون لے گا۔ اگر رہنما زندہ نہ رہے تو ملک کا کیا حال ہوگا؟ حکمران طبقہ جو رہنما کے حق میں دستبردار ہو چکتا ہے؛ غیر ذمہ داری، غفلت، روزمرہ زندگی کی عیش و عشرت، شراب کی دعوت، حکومت کے خرچ پر سیر و سیاحت، اور مختلف منصوبوں سے حاصل شدہ منافعوں میں بنیادی طور پر مصروف رہتا ہے، اور مختلف اوقات میں قوم کے روحانی بنجر پن کی دریافت بھی کرتا رہتا ہے۔

[بشکریہ 'افتادگان خاک'، فکشن ہاؤس، لاہور]

# شناخت کا بحران اور عالمی تناظر

## [فرانسس فوکویاما کا نقطۂ نظر]

محمد عامر رانا

ترجمہ: حذیفہ مسعود

معروف فلسفی، مورخ اور ماہرِ سماجیات فرانسس فوکویاما کی کتاب *Identity: The demand for Dignity and Politics of Resentment* شناخت سے جڑے کئی اہم سوالوں کا جواب تلاش کرنے کی ایک عمدہ کوشش ہے۔ مغربی ومشرقی معاشروں میں عوامیت پسند سیاست کی علمبردار قوتوں کی کامیابی نے لبرل طرزِ سیاست اور جمہوری نظامِ ریاست کا مستقبل غیریقینی بنا دیا ہے۔ حقوق کے عنوان سے گروہی شناختوں پر اصرار اور مخصوص شناختوں کی بنیاد پر شرف وتوقیر کی خواہش پر مبنی رجحانات پوری دنیا پر اثر انداز ہو رہے ہیں۔ اس عالمی پسِ منظر کے ساتھ لکھی گئی فرانسس فوکویاما کی کتاب 'شناخت' عالمی دنیا کے ساتھ ساتھ پاکستان کے مقامی تناظر اور حقوق کی متعدد تازہ آوازوں کی تفہیم کے پیشِ نظر انتہائی اہمیت اختیار کر لیتی ہے۔ اسی کتاب پر تبصرے کے طور پر لکھا گیا ہے ماہی 'تجزیات' (پاکستان) کے بانی مدیر محمد عامر رانا کا درج ذیل مضمون پاکستانی انگریزی اخبار 'ڈان' میں شائع ہوا، جس کا اردو ترجمہ موضوع کی اہمیت اور قارئین کی دلچسپی کے لیے شاملِ اشاعت کیا جا رہا ہے۔

دنیا اس وقت پاپولزم کی نئی لہر کا سامنا کر رہی ہے۔ جہاں یہ لہر لبرل جمہوریتوں کے اندر اقتدار کی موجودہ ساختیات کو چیلنج کر رہی ہے، وہاں اس کے سبب شناخت کا سوال بھی نمایاں ہو رہا ہے۔ پاپولزم کی اثرانگیزی کے نتیجے میں عوام کے اندر اپنی شناختوں کی بنیاد پر حق رائے دہندگی استعمال کرنے کے رجحان نے جنم فکری مزاحمت کے پہلو

لیا ہے جس کی نظیر یورپ اور شمالی و مغربی امریکا کے حالیہ انتخابات میں دیکھی جاسکتی ہے جہاں قدامت پسند گروہ مرکزی سیاسی دھارے میں اپنی جگہ بنانے میں کامیاب ہوچکے ہیں۔

بڑھتے ہوئے عوامیت پسند رجحانات نے جمہوریت کے مستقبل، لبرل سماجی و سیاسی اقدار کی موزونیت اور شناخت کے بدلتے ہوئے تصورات کے بارے میں ایک نئی بحث کو جنم دیا ہے۔ اس صورت حال سے غالب سیاسی نقطۂ نظر کو کافی ٹھیس پہنچی ہے جو لبرل جمہوریتوں کو انسانی مقدر کی آخری منزل سمجھتا ہے۔ اس نقطۂ نظر سے وابستہ مفکرین جیسا کہ اپنے شہرہ آفاق اور متنازعہ نظریے The End of History کے سبب مشہور ہونے والے امریکی ماہر سیاسیات فرانسس فوکویاما کبھی بھی نہیں سوچ سکتے تھے کہ شناخت اور شرف ایسے عوامل بن کر سامنے آئیں گے کہ لبرل جمہوریتوں کی بقا و نمو خطرے میں پڑ جائے گی۔ اس صورتِ حال نے فرانسس فوکویاما (اولیوئر نوملینی سینیٹر فیلو، دی فری مین اسپوگلی انسٹی ٹیوٹ فار انٹرنیشنل اسٹڈیز، اسٹین فورڈ یونیورسٹی) کو اپنے پیش کردہ مفروضے پر نظرِ ثانی اور لبرل جمہوریتوں کے لیے خطرہ بن جانے والے عوامل کی وضاحت پر مائل کیا۔ فرانسس فوکویاما کی نئی کتاب *Identity: The demand for Dignity and Politics of Resentment* ان کے نئے نقطۂ نظر کی وضاحت کی ایک کوشش ہے۔

صاحبِ کتاب پہچان کے بڑھتے ہوئے مطالبے کے پیش نظر عالمگیر لبرل نظم پر عوام کے عدم اطمینان کی نشاندہی کرتے ہیں۔ وہ وضاحت کرتے ہیں کہ شناخت اکثر و بیشتر واضح طور پر رنگ، نسل یا مذہب سے تعلق رکھتی ہے تاہم کسی ایک گروہ کے اندر احساسِ محرومی بھی بعض اوقات ایک مجموعی شناخت کو جنم دینے کا باعث بنتا ہے۔ البتہ وہ اس بات سے اتفاق کرتے ہیں کہ شناخت دنیا کے کئی حصوں میں مروجہ سیاسی نظام کی شکست و ریخت کا باعث بن رہی ہے۔

چنانچہ ہمارے پاس شناخت کے تناظر میں اپنی ذات اور اپنے سماج کے بارے میں سوچنے کے سوا کوئی چارہ نہیں ہے کہ شناخت بیک وقت ضرورت پڑنے پر کسی سماج کی تقسیم کے لیے بھی استعمال کی جاسکتی ہے اور اس کو متحد کرنے کے کام بھی اس سے لیا جاسکتا ہے۔ اب شناخت مشترک کہ احساسِ محرومی اور سانجھے دکھ سکھ کی بنیاد پر لوگوں کے مابین نئے بندھن کی تشکیل اور انھیں نئے قبائل میں تقسیم کرنے کا باعث بن رہی ہے۔ یہ شناختیں لبرل جمہوریتوں کے لیے نئے خطرات کا پیش خیمہ بنی ہیں اور موجودہ سیاسی نظام کی بنیادیں ہلا دینے کا کام کر رہی ہیں۔ فرانسس فوکویاما امریکا کے موجودہ صدر ڈونلڈ ٹرمپ کی کامیابی کو 2008ء کے مالی بحران سمیت کئی عوامل کے ساتھ جوڑتے ہیں جس کے نتیجے میں معاشی تفریق نے جنم لیا تھا۔ ان کے خیال میں اس مالی بحران کے نتائج و مضمرات نے طبقاتی نظام کی پردہ پوشی بائیں بازو کی جماعتوں کے مقابلے میں ایک ایسے امیدوار کی جیت کے امکانات روشن کیے جس نے سفید فام نوکری پیشہ طبقے میں موجود پس منظر میں دھکیل دیے جانے کے تصورات کو بطور آلہ استعمال کیا۔



فکری مزاحمت کے پہلو

فرانسس فوکویاما کے تمام تر سیاسی نظریات افلاطون کے تصورِ روح پر قائم ہیں جس کے مطابق روح کے تین حصے ہوتے ہیں جن میں سے پہلا دانائی، دوسرا جذبہ اور تیسرا بھوک (شناخت/پہچان کی بھوک) ہے۔ یہ بھوک دو طرح کی ہوتی ہے، ایک عزت دیے جانے کی خواہش (Isotymia) اور دوسری برتر اور اعلیٰ سمجھے جانے کی تمنا (Megalothymia)۔ فرانسس فوکویاما اسی پہچان کی بھوک کے افلاطونی تصور کی بنیاد پر لبرل جمہوریت کو انسانی سیاسی تنظیم کا نقطۂ اختتام قرار دیتے ہیں۔

تاہم وہ محسوس کرتے ہیں کہ آئزوتھیمیا کا یہ عنصر انسان کے اندر مساوات پر مبنی شناخت کے مطالبے کو پروان چڑھا رہا ہے، یہ مطالبہ برقرار رہے گا لیکن اس کے کلیتاً پورا ہو جانے کی صورت کبھی بھی پیدا نہیں ہو سکتی۔ تاہم ان کے نزدیک میگالوتھیمیا زیادہ مسائل کا باعث بنے گا، اس لیے کہ یہ امتیازی شناخت کے مطالبے پر مبنی ہے، یہ زیادہ خطرات کا پیش خیمہ ہے اور لوگوں کو مثالی جدوجہد پر اکساتا ہے اور یہ وسیع اثر پذیری کا موجب ہے کیوں کہ یہ تصور کسی ایک (فرد، گروہ یا قوم) کو باقیوں سے بالاتر تسلیم کیے جانے کی خواہش پر قائم ہے۔

فرانسس فوکویاما کے نزدیک یہ عنصر بعض صورتوں میں ابراہام لنکن، ونسٹن چرچل اور نیلسن منڈیلا جیسے مثالی کرداروں کو جنم دینے کا باعث بن سکتا ہے اور بعض اوقات جولیئس سیزر، ایڈولف ہٹلر اور ماؤ زے تنگ جیسے کرداروں کو سامنے لانے کا موجب بھی ہو سکتا ہے جنہوں نے اپنے معاشروں میں آمریتوں اور تباہ کاریوں کو فروغ دیا۔ فاضل مصنف کے نزدیک میگالوتھیمیا تاریخی طور پر تمام معاشروں میں رائج رہا ہے، اسے ختم نہیں کیا جا سکتا، اسے کوئی سمت دی جا سکتی ہے یا پھر جادۂ اعتدال پر ڈالا جا سکتا ہے۔ میگالوتھیمیائی کاروبار کے لیے قائم شدہ کوئی بھی اقتصادی منڈی معاشی حوالے سے کافی سودمند ہونے کے ساتھ ساتھ فلاح عامہ اور انسانی آسودگی میں بھی فعال کردار ادا کر سکتی ہے۔

امریکی جریدے 'نیو یارکر' کے نامہ نگار لوئیس مینانڈ لوئیس فرانسس فوکویاما کے مکمل فلسفیانہ زمرے کا تنقیدی جائزہ لیتے ہوئے کہتے ہیں کہ بھوک (Thymos) کا افلاطونی تصور معاصر سیاست کی تفہیم کا انتہائی غیر معقول پیمانہ ہے۔ لوئیس مینانڈ کہتے ہیں کہ ''کیا فرانسس کی کتاب 'شناخت' 1989 میں لکھے گئے ان کے مضمون 'تاریخ کا خاتمہ' میں درج ان کے نقطۂ نظر کی تصحیح کے طور پر پڑھی جا سکتی ہے؟ عالمگیر لبرل ازم کو اشتمالیت یا فسطائیت جیسی کسی آئیڈیالوجی کی بنا پر شکست نہیں دی جا سکتی، ہاں مگر ایسا کسی جذبے کے تحت کیا جا سکتا ہے۔'' ان دنوں فرانسس فوکویاما نے کہا تھا کہ سوویت یونین کا انہدام لبرل ازم کا آخری آئیڈیالوجیکل متبادل تھا۔ چین کے بارے میں ان کا کہنا تھا کہ معاشی اصلاحات اس ملک کو لبرل نظم کی جانب لے جائیں گی۔ چین کی اٹھان اور عوامیت پسندی کی نمو ظاہر کرتی ہے کہ لبرل جمہوریت اور آزادانہ تجارت کسی حد تک درحقیقت کامیابیوں کو کمزور کر سکتی ہے۔ صاحب تصنیف اپنے تئیں یہ تسلیم کرتے ہیں کہ لبرل جمہوریتیں مذہب اور وطنیت کے باعث تھائمس کا مسئلہ حل نہیں کر سکتیں کیوں کہ یہ دونوں عناصر عالمی سیاست میں بنیادی عوامل کے طور پر ہمیشہ سے موجود ہیں اور فکری مزاحمت کے پہلو

آئندہ بھی رہیں گے۔

اپنی تازہ تصنیف میں فرانسس فوکویاما اپنے نقطۂ نظر کی بنیاد آئزوتھیمیا کے تصور پر رکھتے ہیں۔ قطع نظر اس کے کہ (بالا دست) پہچان کی خواہش یا شناخت پسند سیاست لبرل ازم کے لیے خطرے کا پیغام ہے کیوں کہ اس خواہش کی تکمیل معاشی اصلاحات کے ذریعے ممکن نہیں ہے، وہ کہتے ہیں کہ لبرل عالمی نظام نے ہر فرد کو فائدہ نہیں پہنچایا اور پوری دنیا، بالخصوص لبرل جمہوریتوں میں معاشی تفریق ڈرامائی طور پر بڑھی ہے۔ اس نظام کے نمو کے بیشتر فوائد محض تعلیم یافتہ اشرافیہ کو پہنچے ہیں۔

فرانسس فوکویاما یورپی سیاست میں بپا ہونے والی نئی تبدیلیوں کے پس منظر کو سمجھنے کی کوشش بھی کرتے ہیں جہاں نئی عوامیت پسند (populist) دائیں بازو کی قوتیں مذہب اور نسل کی بنیادوں پر قائم دھند لاتی ہوئی معیاری ثقافت کی طرف ناسٹلجیائی انداز سے دیکھ رہی ہیں، ایک ایسی ثقافت جس میں تارکینِ وطن اور حقیقی تنوع کے لیے کوئی جگہ نہیں ہے۔ مثال کے طور پر 1905ء کا فرانسیسی قانون، جس میں چرچ اور ریاست کو الگ کر دیا گیا تھا، آج کل تنقید کی زد میں ہے۔ مذہب و ریاست کی باہم علیحدگی کا ادغام کا ایک تصور تھا تاہم یہ اب یہ سیاسی طور پر بائیں بازو سے تعلق رکھنے والے کئی افراد کے لیے بھی نا قابل قبول ہے۔ وطنی شناخت کے عمومی مفاہیم میں تبدیلی سے موافقت کے لیے فرانسس فوکویاما شامی نژاد جرمن محقق بسام تبی کا حوالہ دیتے ہیں جنھوں نے جرمن وطنی شناخت کی بنیاد کے طور پر رہنما ثقافت (LeitKultur) کا تصور پیش کیا۔ لبرل تعلیمات کی روشنی میں رہنما ثقافت دراصل مساوات اور جمہوری اقدار پر یقین سے عبارت ہے۔ ان کا خیال ہے کہ جرمنی کو ہو بہور رہنما ثقافت جیسی ایک معیاری تبدیلی لانے کی ضرورت ہے جو ایک ترک باشندے کو ایک جرمن کے طور پر اپنی پہچان کرانے کی آزادی فراہم کرے۔ وہ کہتے ہیں کہ یہ پیش آمدہ حالات کی سُست رَو شروعات ہیں۔

فرانسس فوکویاما اپنی اس تصنیف میں عالمی سیاسی نظام میں واقع ہونے والی تبدیلیوں پر نظر ڈالنے کی عمدہ کوشش کرتے ہیں۔ عالمی سطح پر ابھرنے والے دو متضاد سیاسی رجحانات، جیسا کہ چین میں انتہائی مرکزیت پسندی اور دنیا کے دیگر چند خطوں میں مرکزی اداروں کی شکست و ریخت کے سبب آئندہ رجحانات کے بارے میں کسی بھی نوعیت کی قیاس آرائی یا پیشین گوئی بظاہر مشکل ہے۔ تاہم وہ اس کتاب میں موجودہ عالمی سیاسی نظام کی تبدیلی کے حوالے سے کوئی خصوصی رہنمائی فراہم نہیں کرتے۔ وہ تسلیم کرتے ہیں کہ عزت و شرف پر اصرار کے عالمگیر رجحانات کے باعث مستقبل کے حوالے سے پیش گوئی کرنا انتہائی کٹھن ہو چکا ہے۔ اس صورتِ حال نے تلاش ذات کی شخصی جدوجہد کو سیاسی منصوبے کی شکل دے دی ہے۔

[بشکریہ 'تجزیات آن لائن'، یکم جولائی 2019]

# اناری اور استحصالی نظام

## کولن وارڈ

ترجمہ: شوذب عسکری

کولن وارڈ معروف برطانوی اناركسٹ قلمکار ہیں۔ انھیں سماجیاتی تاریخ کے بانیوں میں شمار کیا جاتا ہے۔ زیر نظر مضمون ان کی کتاب *Anarchism: A Very Short Introduction* کی تلخیص ہے جس میں اناری کی درست تفہیم پر روشنی ڈالی گئی ہے اور یہ واضح کیا گیا ہے کہ ایک اناركسٹ سماج کیسے قائم ہوسکتا ہے۔ دنیا میں اناری کی اصطلاح کو زیادہ تر منفی مفہوم کے ساتھ جوڑ اجاتا ہے اور خیال کیا جاتا ہے کہ اس کا مطلب انتشار، خانہ جنگی یا فساد ہے۔ لیکن یہ اس کا حقیقی مطلب نہیں ہے۔ اس کا اصل استعمال ریاستوں کے استحصالی جبر کے خلاف کیا جاتا ہے۔ دنیا میں اناركسٹ نظریات کے حامل فلسفی اور گروہ ایک منظم فکر رکھتے ہیں۔ یہ انسانی آزادی پر عائد حد بندیوں اور درجہ بندیوں کو مسترد کرتے ہیں۔

بلاشبہ آپ نے اناری کا نام تو سن رکھا ہوگا۔ افسوس ناک امر یہ ہے کہ اس اصطلاح کو عموماً منفی معنوں میں استعمال کیا جاتا ہے۔ جیسا کہ افراتفری، دنگے فساد اور حتیٰ کہ سماجی ابتری۔ لیکن حقیقت یہ ہے کہ اناری کا منفی معنوں سے دور دور تک کا کوئی واسطہ نہیں ہے۔ دراصل اس اصطلاح کا استعمال انیسویں صدی کے فلسفیوں نے کیا اور وہ اس اصطلاح کے ذریعے اپنے تصورات میں موجود اس سماج کی وضاحت کر رہے تھے جو بہت حد تک مساوی یانہ اور منصفانہ ہوتا ہے۔

اناری کا بنیادی مقصد انسانی سماج سے درجہ بندی پر مبنی استحصالی نظام کا خاتمہ ہے، چاہے وہ استحصالی درجہ بندی ریاست کی جانب سے اس کی پولیس فورس کی شکل میں ہو، چاہے پدرشاہی کی جانب سے یا کسی مذہبی نظام

کی جانب سے۔ جب اس استحصالی جبر کا خاتمہ ہو جائے گا تو انارکی پسندوں کے خیال میں سماج دو طرفہ احترام، براہِ راست جمہوریت اور ایسے وفاق کی جانب بڑھ جائے گا جہاں انسانوں کا اجتماعی فائدہ تمام انسانوں کا مطمع نظر ہوگا۔

اگرچہ یہ تصور اٹھارہویں صدی کے اواخر اور انیسویں صدی کے اوائل میں انقلابِ فرانس کی ناکامیوں کے سبب رائج ہوا، تاہم یہ آج بھی اتنا ہی موزوں و برمحل ہے جتنا کہ اس دور میں تھا۔ جدید دور کے بحرانوں میں اضافے کے ساتھ ساتھ جیسا کہ بڑھتی ہوئی عدم مساوات اور ماحولیاتی تبدیلیاں انسانی معاشرے کے لیے خطرے کا باعث ہیں۔ اس عہد میں انارکی پسند نظریات انسانی بقا کے لیے شہِ رگِ حیات کی حیثیت رکھتے ہیں۔

انارکی پسند نظریہ ایک سیاسی فلسفہ ہے جو ہر طرح کی درجہ بندی کو مسترد کرتا ہے۔

انارکزم کا لفظ یونانی لفظ انارکیہ سے نکلا ہے جس کے معنی ہوتے ہیں 'بغیر رہنما کے'۔ تاہم جدید دور میں انارکزم کا فلسفہ انیسویں صدی میں پروان چڑھا جب فرانسیسی مفکر پیرے جوزف پرودن نے لفظ انارکزم کو اپنے سیاسی فلسفے سے جوڑا۔ اس فلسفے اور نظریے کا مطمح نظر یہ ہے کہ سماج کو بغیر کسی مرکزی حکومت یا طاقت کے منظم کیا جا سکتا ہے اور اسے ہونا چاہیے۔ جوزف پرودن اور دیگر انارکی پسند اس امر کے قائل ہیں کہ سماجی نظم کے لیے انسانوں کے مابین انفرادی اور اجتماعی سطح پر رضاکارانہ معاہدے ہونے چاہئیں اور اس طرح کے سماج میں قابلیت اور انصاف نمو پائے گا اور یہ سماج اپنے تمام نمائندگان کے لیے پیداوار اور ضرورت کے مابین منصفانہ تناسب قائم کر سکے گا۔

لیکن پرودن اس طرح کا سماج کیوں چاہتا تھا؟ اس کا جواب انقلابِ فرانس کی ناکامیوں میں پنہاں ہے۔ انقلاب کے بعد کسانوں اور مزدوروں کے اس واہمے کا خاتمہ ہو گیا کہ نئے قائم ہونے والے اس سیاسی بورژوائی طبقے سے کچھ فائدہ ہوگا۔ انھیں اندازہ ہوا کہ یہ لوگ جو اب حکمران بنے ہیں، ان میں اور ان سابقہ حکمرانوں میں کوئی زیادہ فرق نہیں ہے جنھیں انھوں نے انقلاب کے دوران نکال باہر کیا تھا۔ پولیس اور فوج جیسے اداروں کے سفاک رویے، ستم زدہ ابتدائی دور کے انارکی پسند مفکرین، مثال کے طور پر پرودن جیسے لوگوں نے بیان کیا کہ ایسا نہیں ہے کہ حکمران طبقہ ہی ان تمام مسائل کی وجہ تھا بلکہ اس کی وجہ تصورِ حکمرانی ہے جس کے مطابق انسانوں کے ایک گروہ کو یہ اختیار ملتا ہے کہ وہ دیگر پہ حکمرانی کر سکے اور یہ تصور ہی انسانی سماج میں تمام برائیوں کی جڑ ہے۔ لہٰذا یہ معاملہ ہی ریاست کا ہے اور ایسا کیا طریقہ ہو کہ اس کا خاتمہ کیا جا سکے اور ایک منصفانہ سماج قائم ہو، یہی وہ فکر ہے جو اٹھارہویں صدی سے انارکی پسند مفکرین کا بنیادی نقطہ رہا ہے۔ یہ کس طرح ممکن ہوگا اس کا جواب اس صورت پہ منحصر ہے کہ آپ یہ سوال کس سے پوچھ رہے ہیں۔

انارکی پسندوں کا سب سے مشہور گروہ اشتمالیت پسند انارکسٹ ہیں۔ ان کا خیال ہے کہ کسی بھی خطے میں زمین، وسائل اور ذرائع پیداوار اسی لیے موجود ہیں کہ ان کا اختیار اس سماج کے پاس ہو جو ان سے مستفید ہو رہا ہے۔ دیگر انارکی پسند تصورات مثلاً فیمینسٹ اور گرین پولیٹکس ہیں تاہم انارکی پسند تصورات چاہے وہ کسی بھی گروہ فکری مزاحمت کے پہلو

50

کے ہوں، وہ تمام طرح کی خارجی درجہ بندیوں کا خاتمہ چاہتے ہیں، چاہے ریاست کی جانب سے نافذ کی گئی ہوں، ملازمت کے دوران مالکان کی جانب سے، یا کسی مذہبی ادارے یا تنظیم کی جانب سے لاگو کی گئی ہوں۔

لیکن ایک انارکسٹ سماج کس طرح قائم ہوگا؟ اس کے لیے چار اصول ہیں جو ممکنہ حد تک بروئے کار لائے جائیں گے۔ اولاً انارکی پسند تنظیموں کی رکنیت رضا کارانہ ہو اور اس کے لیے کسی با قاعدہ رکنیت کا عمل نہ ہو کیونکہ اس صورت میں انسانوں کی انفرادی آزادی اور ذمہ داری پہ حرف آئے گا۔ ثانیاً انارکی پسندوں کو ایک عملی صورت میں ڈھلنا ہوگا اور ان کے پاس اپنی موجودگی کا ایک واضح مقصد ہونا چاہیے۔ ثالثاً ان تنظیموں کا قیام عارضی ہو کیونکہ مستقل تنظیمیں زیادہ دیر تک فائدہ مند نہیں رہتیں۔ اگر وہ زیادہ عرصے تک قائم رہیں تو وہ اپنی بقا کی کوشش میں الجھ کر رہ جاتی ہیں۔ یوں ان کا اصل مقصد ختم ہو جاتا ہے جس کے حصول کے لیے انھیں قائم کیا گیا تھا۔ رابعاً یہ لازم ہے کہ انارکی پسند تنظیمیں حجم میں چھوٹی ہونی چاہئیں، کیونکہ درجہ بندی کی امکانی صورت ایسی جگہ پہ زیادہ نہیں ہوتی جہاں افراد مسائل کے حل کے لیے ذاتی تعلقات کی صورت کوشش کر رہے ہوں۔

ممکن ہے کہ یہ سب تشریحات محض تصوراتی وہم و گمان کی صورت لگ رہی ہوں۔ بہرحال آگے چل کر ہم یہ کھوج لگائیں گے کہ کس طرح انارکی پسند مفکرین نے سماج میں تبدیلی کا تصور واضح کیا اور ان انارکی پسند تصورات نے عملی میدان میں کیا کارگزاری انجام دی۔

انارکی پسند تصورات کو پیٹر کروپوٹکن اور پیرے جوزف پرودن جیسے مفکرین نے پروان چڑھایا اور ان کی بہترین عملی صورت اسپین میں نظر آئی۔ اگرچہ انارکی پسند تصورات کی جانب بہت سے فلسفیوں نے غور و فکر کیا مگر اس کی تاریخ کے تین ادوار ایسے ہیں جنھیں نظر انداز نہیں کیا جا سکتا۔ اٹھارہویں صدی کے روسی فلسفی پیٹر کروپوٹکن، ان کے ہم عصر فرانسیسی فلسفی پیرے جوزف پرودن اور ہسپانوی خانہ جنگی کے دوران انارکی پسند تصورات کا ہنگامہ خیز عہد۔

پیرے جوزف پرودن نے پہلی باز انارکزم کی اصطلاح کے علاوہ دو مشہور زمانہ تصورات 'ملکیت دراصل چوری ہے' اور 'ملکیت آزادی ہے' بھی پیش کیے۔ ان کے مطابق یہ دونوں جملے ایک دوسرے کے متضاد نہیں ہیں۔ ملکیت چوری ہی تو ہے کیونکہ جا گیرداروں اور سرمایہ داروں کی ملکیت عام طور پر مزدور طبقے کے استحصال کا نتیجہ ہوتی ہے۔ اور یہ بھی کہ ملکیت آزادی بھی ہوتی ہے کیونکہ کسانوں اور مزدوروں کو رہنے کے لیے زمین کی ملکیت چاہیے۔ مزدوروں اور کسانوں کو زمین اور دیگر ذرائع پیداوار کی ضرورت ہے تا کہ وہ کامیاب ہو سکیں۔ ان کے لیے ملکیت ایک آزادی کی مانند ہے کیونکہ وہ استحصال یا چھینا جھپٹی سے حاصل نہیں کی گئی۔

یہ پرودن کا ہی اصرار تھا کہ لوگوں کے گروہوں کے درمیان ایک مرکزی اتحادی ربط ہونا چاہیے۔ اسی کے سبب مئی 1871ء میں پیرس شہر میں پہلا عوامی مارچ ہوا۔ یہ دعویٰ کیا جا سکتا ہے کہ وہ اجتماع اپنی نوعیت کا پہلا مظاہرہ تھا جہاں انقلابی اشتراکیت کی عملی صورت نظر آئی۔ اس مختصر مدت کے دوران انقلابی رہنماؤں کو یہ اندازہ ہوا کہ پرودن کی رائے کے مطابق انھیں اپنی بقا کے لیے اپنے ساتھ دیگر طبقوں کو بھی شامل کرنا ہوگا۔ افسوس کہ ان


فکری مزاحمت کے پہلو

کا یہ اتحاد زیادہ دیر تک قائم نہ رہ سکا اور ان کی کوشش دم توڑ گئی۔

پرودھن کے علاوہ ایک اور اناری کی پسند فلسفی پیٹر کروپوٹکن تھا۔ وہ ایک سائنسی دماغ رکھتا تھا۔ اس نے اپنے نظریات کو پھیلانے کے لیے ایک منصفانہ قسم کا ادارہ قائم کرنے کی کوشش بھی کی۔ اس نے اپنی مشہور تصنیف 'روٹی کی جیت' میں بیان کیا ہے کہ کس طرح عوامی پنچایتیں انقلاب کے بعد کے ابتدائی دنوں میں سماجی سطح پہ خود کو دوطرفہ امداد اور رضا کارانہ تعاون کے تحت منظم کر سکتی ہیں۔

سالوں بعد ہسپانوی خانہ جنگی کے عہد میں کروپوٹکن کے عہد میں کروپوٹکن کے وہ نظریات جن میں اس نے بیان کیا تھا کہ کس طرح مزدور اور کسان مل جل کر صنعت اور زراعت کا نظام سنبھال سکتے ہیں، انھوں نے 1936ء کے انقلاب سے پہلے بہت اہم کردار ادا کیا۔ 1930ء کی دہائی میں اسپین بنیادی طور پر ایک زرعی سماج تھا جہاں آبادی کا 2 فیصد طبقہ 67 فیصد وسائل کا مالک تھا۔ انقلاب کے بعد یہ صورتحال بدل گئی۔ ملک کے بہت سے علاقوں میں نجی ملکیت کا خاتمہ کر دیا گیا۔ زرعی رقبے کی دیکھ بھال اور کاشت کا عمل اجتماعی طرز پہ انجام دیا جانے لگا۔ انقلابی کا تو لا دنیا کے علاقے میں اجتماعی کوشش کے عمل کو دیگر شعبوں جیسا کہ پبلک ٹرانسپورٹ، بجلی اور ٹیلی کمیونیکیشن تک پھیلا کر اسے ملک کے مزید علاقوں تک پھیلا دیا گیا۔ اگرچہ آخر کار ہسپانوی خانہ جنگی میں جیت فسطائی قوتوں کی ہوئی اور فرانسیسکو فرانکو حکمران بن گیا۔ ہسپانیہ میں اناری کی پسند نظریات کی کامیاب عملی صورت سے ہمیں یہ اندازہ ہوا کہ یہ نظریہ سماج میں تبدیلی کے لیے ایک بڑا محرک ثابت ہو سکتا ہے۔

اناکسٹ نظریات سماج کے بہت سے مسائل کے مختلف حل تجویز کرتے ہیں، خاص طور پر ان میں وہ مسائل شامل ہیں جنھوں نے امریکی نظام انصاف کو گہنا یا ہوا ہے۔ اگرچہ اناکسٹ نظریات کا بنیادی مقصد سماج میں موجود درجوں کا خاتمہ ہے تاہم اناری کی پسند فلسفیوں کے نظریات کی مدد سے بہت سے ایسے مسائل کا حل بھی تجویز کیا جا سکتا ہے جو موجودہ سماجی نظام کو درپیش ہیں۔ ایک معاملہ جہاں اناری کی پسند نظریات بہت معاون ثابت ہو سکتے ہیں وہ جیلوں کی اصلاحات ہے۔ بہت سے اناکسٹ فلسفیوں نے اپنی سیاسی سرگرمیوں کے سبب جیلوں میں کافی وقت گزارا ہے۔ کروپوٹکن نے اپنی زندگی کا کافی وقت مختلف جیلوں میں گزارا ہے جہاں اس نے موجودہ نظام انصاف کی خامیوں کا قریب سے مطالعہ کیا۔ یہ کروپوٹکن ہی تھا جس نے سب سے پہلے 'جیلوں کی یونیورسٹیز' کا نام دیا۔ جیل میں قید کے دوران بہت سے ایسے قیدی جو معمولی جرائم کے سبب قید میں ہوتے ہیں، وہاں موجود دیگر ساتھیوں سے بڑے جرائم کی تربیت لے لیتے ہیں۔ جیل سے رہائی کے بعد وہ ان جرائم کو سر انجام دیتے ہیں اور پھر پکڑے جانے کی صورت میں واپس جیل کی قید میں پہنچ جاتے ہیں۔

کروپوٹکن کے مشاہدات نے بعد ازاں امریکی نظام انصاف میں تبدیلیاں لانے والے اصلاح کاروں کے لیے بنیاد فراہم کی۔ ان میں سے بہت سے مصلحین دونوں عالمی جنگوں کے دوران ضمیر کے قیدی رہے۔ انھوں نے دیکھا کہ جیلوں میں بہت سے قیدی بہت پسماندہ پس منظر کے حامل ہوتے ہیں۔ غربت ایک


فکری مزاحمت کے پہلو

بنیادی عامل ہے جس کے سبب بہت سے افراد معمولی جرائم میں ملوث ہوجاتے ہیں۔ آپ ان معمولی جرائم کے مجرمین کو جرائم کی یونیورسٹی میں بھیجیں تو وہ وہاں سے مزید جرائم سیکھ کر آئیں گے۔ آزاد ہو کر پھر وہ کوئی مزید بڑا جرم کریں گے اور پھر پکڑے جائیں گے اور قید برداشت کریں گے اور آگے ہی آگے یہ جرم و سزا کا یہ مرحلہ طویل عرصے تک چلتا رہے گا۔

ان مشاہدات کے سبب اصلاح کاروں نے نظام انصاف میں انسانی تقاضوں کے مطابق تبدیلیوں کا عمل تیز کیا۔ مثال کے طور پر ایک تجویز کے مطابق معمولی جرائم میں ملوث افراد کو سزا کے بعد عارضی خدمات کے شعبے میں کھپایا جاتا ہے جہاں ایک افسر اس شخص کی دیکھ بھال کرتا ہے اور اسے رہنمائی مہیا کرتا ہے کہ وہ عام زندگی کی جانب لوٹ جائے اور جرائم کے سلسلے میں ملوث ہو کر نہ رہ جائے۔

افسوس ناک امر یہ ہے کہ اس طرح کے اقدامات اب بہت حد تک کم ہو گئے ہیں۔ مثال کے طور پر سال 2000ء میں امریکا میں 2 ملین افراد جیلوں میں قید تھے۔ جدید قومی تصور پر قائم ریاستوں میں امریکہ اس وقت سرفہرست ہے جہاں آبادی کے تناسب کے لحاظ سے سب سے زیادہ افراد جیلوں میں قید ہیں۔ ایک بار پھر ہمیں اس مسئلے سے نمٹنے کے لیے اناری کی پسند نظریات کی جانب دیکھنا ہوگا کہ ہم منشیات کے استعمال میں مسلسل اضافے کے سبب جیلوں میں قیدیوں کی بڑھتی ہوئی تعداد پر کس طرح قابو پائیں۔

1922ء میں ایک اطالوی انارکسٹ فلسفی ایریکو مالاٹسٹا نے کہا تھا کہ منشیات کے استعمال کے سبب جیلوں میں قید افراد پر اس سزا کا اثر متضاد ہوتا ہے کیونکہ جیلوں میں قید افراد میں منشیات کے استعمال کا خدشہ بڑھ جاتا ہے اور یوں سماج میں منشیات سے متعلق جرائم مثال کے طور پر اسمگلنگ اور ڈرگ ٹریفکنگ میں مزید اضافہ ہوتا ہے۔ مالاٹسٹا نے تجویز دی کہ منشیات کے استعمال اور فروخت کو جرائم کی فہرست میں سے نکال دیجیے تو آپ اس مسئلے پر قابو پا سکتے ہیں۔ اس طرح آپ جیلوں میں زائد از گنجائش قیدیوں کی موجودگی کے مسئلے سے بھی نمٹ سکتے ہیں۔ اس کے مطابق منشیات کی جانب کشش کی ایک بڑی وجہ ان کے استعمال کا جرم ہونا ہے۔ اگر ایسا نہ ہو تو اس کو بہت کم کیا جا سکتا ہے۔ سوئٹزرلینڈ کے شہر زیورخ اور نیدرلینڈ کے شہر ایمسٹرڈم نے منشیات کے استعمال اور فروخت کو جرائم کی فہرست سے خارج کر دیا اور دونوں شہروں کے اس فیصلے کے نتائج سے یہ ثابت ہوا کہ مالاٹسٹا کا خیال درست تھا۔

اناری کی پسند فلسفے سے خاموش اور شور یدہ دونوں طرح کے انقلاب بر پا کیے جا سکتے ہیں۔ یہ سچ ہے کہ اناری کی پسندوں نے انقلاب کے ذریعے کوئی بہت بڑی سماجی تبدیلی کا مظاہرہ تا حال نہیں کیا۔ لیکن یہ نہیں کہا جا سکتا کہ اناری کی پسندوں کی سیاسی کوششیں رائیگاں گئی ہیں۔ موجودہ صورتحال یہ ہے کہ ہماری زندگیوں کے بہت سے گوشے جنہیں ہم توجہ نہیں دیتے ایسے ہیں جو اناری کی پسند نظریات کے مرہون منت ہیں۔ مثال کے طور پر اپنے لباس کو ہی دیکھ لیجیے۔ پچھلے پچاس سالوں میں ہم جو لباس پہن رہے ہیں وہ صنف اور طبقاتی فرق کو ملحوظ خاطر رکھتے ہوئے بنایا گیا ہے۔ لیکن بیسویں صدی کے دوران انتہا پسندانہ حد تک

رواج سے مختلف رویہ اپنا کر انارکی پسندوں نے ایسے لوگوں کے لیے بہت سی سہولت کا اہتمام کر دیا جس کے سبب لوگ جو چاہیں وہ پہن سکتے ہیں۔ یہی بات خواتین کی تحریک کے متعلق بھی کہی جا سکتی ہے۔ انارکی پسند فیمینسٹ مصنفہ ایما گولڈ مین نے پدر شاہی کو مسترد کرنے والی ایک شہرہ آفاق تصنیف بنام 'عورت کی آزادی کا دکھ' لکھی جو پہلی مرتبہ 1906ء میں شائع ہوئی۔

اس کتاب میں وہ لکھتی ہیں کہ عورت کو درپیش تکالیف ہی وہ واحد وجہ نہیں ہیں کہ انھیں آزادی دی جائے۔ عشروں تک اس سے پہلے خواتین فیمینسٹ اس موضوع پر سرگرم رہی ہیں۔ انھوں نے بیان کیا کہ خواتین کو یہ آزادی ہونی چاہیے کہ وہ یہ فیصلہ کر سکیں کہ انھیں بچے پیدا کرنے ہیں یا نہیں یا انھیں آزادی ہو کہ وہ جس سے چاہیں اپنے جسمانی تعلقات رکھیں۔ فیمینسٹ نظریات پر ان کے اثرات کے علاوہ ایما گولڈ مین آزادانہ محبت کی نہ صرف حامی تھیں بلکہ اس خیال پہ کار بند رہیں۔ ان کی زندگی اور تحریروں میں اس تصور کی بہت جھلک نظر آتی ہے کہ وہ ممکنہ انارکی پسند سماج میں جسمانی تعلقات کو کس طرح تصور کرتی تھیں۔ انارکی پسند بشمول ایما گولڈ مین ان پہلے لوگوں میں شمار ہوتی ہیں جنھوں نے آزادانہ تعلقات کے لیے آواز اٹھائی تا کہ ریاست اور چرچ کی پابند شادیوں سے آزادی مل سکے۔ اکیسویں صدی کے آغاز پر خاندانی منصوبہ بندی کی جدید سہولیات کے سبب اب آزادانہ محبت اور جنسی تعلقات مغربی معاشرے کی عام اقدار میں شامل ہو چکے ہیں۔

ان انقلابی تصورات نے ہماری روزمرہ زندگیوں میں انقلابی تبدیلیاں رونما کی ہیں۔ لیکن ایسا نہیں ہے انارکی پسندوں کے لائے ہوئے تمام انقلابی اقدامات اسی طرح خاموش ہیں۔ انٹرنیٹ کی ایجاد کے بعد انارکی پسند اپنی ابحاث اور کوششوں کو آن لائن دنیا تک لے آئے ہیں اور دنیا کے ہر خطے میں اپنے ہم خیال لوگوں سے رابطے میں ہیں۔ سال 1999ء میں یہ کوششیں بالکل واضح تھیں جب انارکی پسند اور دیگر سرمایہ داری مخالف قوتوں نے کامیابی سے 'ملٹی لیٹرل ایگریمنٹ آن انویسٹمنٹ' (ایک معاہدہ جسے او ای سی ڈی ممالک اور بڑے کاروباریوں نے کیا جس کے مطابق ایسے ممالک کے خلاف قانونی کارروائی کی جا سکتی ہے جو انھیں منافع کی شرح محدود کرنے کا کہتے ہیں) کو نافذ العمل ہونے سے روک دیا۔

انٹرنیٹ پہ موجود سرگرم کارکنوں نے اس معاہدے کی ایک نقل حاصل کر لی اور اسے لوگوں تک پھیلا دیا یوں اس کے خلاف ایک بڑی مہم کا آغاز ہو گیا۔ نومبر 1999ء میں جب اس تنظیم کے بڑے رہنما ملاقات کے لیے اکٹھے ہوئے تو ہزاروں کی تعداد میں احتجاجیوں نے ان کے خلاف مظاہرہ کیا اور یوں یہ مذاکرات ناکام ہو کر رہ گئے۔

چونکہ ہمارے کرۂ ارض کو بقا کے مسائل درپیش ہیں، لہٰذا صرف انارکی پسند تصورات ہی ہماری دنیا کو ماحولیاتی طور پر لاحق مکمل تباہی سے محفوظ رکھ سکتے ہیں۔ جوں جوں اکیسویں صدی آگے بڑھ رہی ہے، انسانیت کو ماحولیاتی تبدیلیوں اور وسائل میں تیزی سے کمی جیسے مسائل لاحق ہیں۔ سرمایہ داری نظام اپنی اصلیت کے سبب ان مشکلات کو حل نہیں کر سکتا کیونکہ یہ اپنی فطرت کے مطابق منافع کمانے، استعمال بڑھانے اور نئی

منڈیوں کے قیام پر یقین رکھتا ہے۔

اب جبکہ ایسا نظر نہیں آ رہا کہ سرمایہ داری نظام کے حامی کوئی عملی اقدام کرنے والے ہیں تو انارکی پسندوں اور ان کے حامیوں نے یہ اندازہ لگا لیا ہے کہ اب وہ وقت آن پہنچا ہے کہ اپنی زمین کی بقا اور نسل انسانی کی بھلائی کے لیے انھیں اپنے مستقبل کو اپنے ہاتھ میں لینا ہوگا۔ اگر سرمایہ داری نظام ان مسائل کو ختم نہیں کر سکتا جو اس نے خود پیدا کیے ہیں تو ہمیں کرۂ ارض کی بھلائی کے لیے اپنے طرز حیات میں خود ہی کوئی تبدیلی لانی ہوگی۔

پیٹر ہارپر، جو ماحول دوست سیاست اور مستقل ترقی کے لیے ایک سرگرم کارکن ہیں، وہ ان دو گرین متضاد طرز حیات کی نشان دہی کرتے ہیں جو پچھلی دو دہائیوں کے دوران ہم نے اپنائے ہیں۔ ایک کو وہ لائٹ گرین طرز حیات کا نام دیتے ہیں اور دوسرے کو ڈیپ گرین طرز حیات۔ لائٹ گرین، یعنی متبادل انفرادی طرز حیات میں پیسہ خرچ کرنا مثال کے طور پر ماحول دوست مہنگی ٹیکنالوجی میں رقم کی سرمایہ کاری، بجلی سے چلنے والی کار کا استعمال، شمسی توانائی اور قدرتی خوراک اور ڈیپ گرین سے مراد ہے کہ رقم کی سرمایہ کاری کی بجائے وسیع سطح پر اجتماعی ماحول دوست اقدامات اٹھائے جائیں۔ مثلا پبلک ٹرانسپورٹ اور سائیکل چلانے کی مہم میں سرمایہ کاری، گھروں اور دیہاتوں کی سطح پر خوراک کی تیاری اور کرنسی کے استعمال کے متبادل ذرائع کا فروغ۔ ہارپر کے مطابق وہ افراد جو انارکی پسند نظریات میں اجتماعیت کے فلسفے سے متاثر ہو کر اور ماحول دوست گرین طرز حیات اپنا رہے ہیں، وہی افراد آنے والے ماحولیاتی بحران سے نمٹنے کے لیے بہترین صلاحیتوں کے حامل ہیں۔ انارکی پسند نظریات ہی ماحولیاتی بحران کے خلاف جنگ میں نمایاں ہیں۔

مثال کے طور پر دیہی یا شہری علاقوں میں کاشتکاری کو ہی دیکھ لیجیے، یہاں پہ اپنے تصورات کے سبب وقت کی قید سے آزاد سو سال پہلے کروپوٹکن نے کہا تھا کہ ہمیں بڑے اور وسیع درجے پر عالمی درجے کے پیداواری عمل کی بجائے جس میں وسائل کا ضیاع ہوتا ہے، چھوٹی سطح پر ماحول دوست کا شتکاری کے ذریعے خوراک کا اہتمام کرنا چاہیے۔ کروپوٹکن نے کہا تھا کہ برطانیہ ایک جزیرہ ہے اور اسے چاہیے کہ اپنی خوراک کی ضروریات کو اپنی مقامی سطح پر ہی پورا کرے۔ ان کے عہد میں یہ خیال بے وقوفی سمجھا گیا مگر آج یہی خیال برمحل تصور کیا جا رہا ہے۔ بہت سے انارکی پسند فلسفی جو اپنے عہد سے آگے سے سوچتے تھے، ان کے افکار پر آج دنیا عمل پیرا ہے۔ یو این کی ایک رپورٹ کے مطابق چین کے نوے فیصد شہری اپنی ضرورت کی خوراک خود اپنے شہر سے ہی حاصل کرتے ہیں۔

ہم نے اس مضمون میں بہت سے انارکی پسند فلسفیوں کی فکر کے متعلق جانا ہے، تاہم ہمارے مستقبل کے انسانی سماج اور خوراک کی ضروریات کے لیے زراعت کے عمل میں اجتماعی کاوش اور ہمارے کرۂ ارض کو ماحولیاتی بحرانوں سے محفوظ رکھنے کے لیے ہماری اجتماعی تیاریوں کے متعلق سب سے اہم رہنمائی کروپوٹکن کے افکار میں ظاہر ہے۔

[بشکریہ 'تجزیات آن لائن'، یکم جولائی 2019]



فکری مزاحمت کے پہلو

# نیشنلزم ایک مذہب

## ڈاکٹر عرفان شہزاد

کارلٹن جے ایچ ہیز (Carlton J H Hayes, 1882 – 1964) ایک امریکی مورخ تھے۔ وہ نیشنلزم کے حامی تھے مگر پھر ان کے خیالات اس بارے میں مکمل طور پر تبدیل ہو گئے۔ اپنے دور میں نیشنلزم کے نام پر برپا ہونے والی دو عظیم جنگوں کی تباہ کاریاں ان کے سامنے تھیں۔ انھوں نے نیشنلزم کے تصور میں موجود منفیت اور مقامیت کا ادراک کیا اور اس کے نہایت شان دار تجزیے پیش کیے۔ انھوں نے نیشنلزم کو تاریخ انسانی کی بدترین برائیوں میں سے ایک شمار کیا۔ زیرِ نظر مضمون کارلٹن ہیز کے مضمون Nationalism as a Religion کے تصورات اور بیانات کا ایک خلاصہ ہے جسے ڈاکٹر عرفان شہزاد نے اپنے الفاظ، ترتیب اور کچھ معمولی اضافوں کے ساتھ پیش کیا ہے۔ ڈاکٹر عرفان شہزاد فاطمہ جناح خواتین یونیورسٹی، پاکستان میں شعبۂ علومِ اسلامیہ میں بطور اسسٹنٹ پروفیسر خدمات سرانجام دے رہے ہیں۔ اس مضمون کو کارلٹن ہیز کے مضمون کی شرح کہا جا سکتا ہے جس میں ڈاکٹر عرفان شہزاد کے اپنے تاثرات بھی شامل ہیں۔ ڈاکٹر عرفان شہزاد نے نیشنلزم کے لیے لفظ 'قومیت' کا استعمال کیا ہے لیکن اردو میں قومیت کا ایک تصور مذہبی بھی ہے، جب کہ زیرِ نظر تحریر میں موصوف کی مراد نیشنلزم ہی ہے۔ یہ مضمون ہندوستانی قارئین کے لیے اس لیے بھی اہم ہے کہ فی زمانہ وطن عزیز میں نیشنلزم کا یہی تصور رائج ہو گیا ہے اور اسے 'دھرم' کا متبادل تصور کر لیا گیا ہے یا بنا دیا گیا ہے۔

اپنے خاندان اور قبیلے کے ساتھ تعلق اور عصبیت کا احساس قدیم اور فطری احساس ہے۔ لیکن یہ تصور کہ حق حکمرانی قوم کو حاصل ہونا چاہیے ایک مقدس تصور ہے، جس کی خاطر جان سمیت کوئی بھی قربانی دی اور لی جا سکتی

یہ۔یہ قومیت اور قومی ریاست کا عقیدہ ہے جس پر ایمان لانا ہر وفادار شہری کے لیے لازم ہے اور یہ مغرب سے آنے والا قومیت کا سیاسی تصور ہے۔

انسان مذہب چھوڑ سکتا ہے لیکن مذہبی رویہ اس کو نہیں چھوڑتا۔ یہ مذہبی رویہ اعتقادات اور مقدسات پر قائم ہوتا ہے جن کے لیے آدمی اپنی جان اور مال قربان کر سکے۔ مذہبی اعتقادات نہ ملیں تو انسانوں کے وضع کردہ نظریات اور فلسفوں کے ساتھ یہ رویہ اور جذباتیت وابستہ ہو جاتے ہیں۔ مسیحیت نے یورپ میں آ کر قدیم مذہب تو بدلا لیکن قدیم مذہبی تصورات، اعتقادات اور ان سے متعلق مقدس رسوم و رواج کو اس نے اپنے اندر سمو لیا۔ اگلے مرحلے میں کیتھولزم پر پروٹسٹین ازم کے ذریعے سے اعتراضات اور اصلاحات کا دروازہ کھلا، لیکن فرد کا مذہبی رویہ تبدیل نہ ہوا، جو اب پروٹسٹینزم میں منتقل ہو چکا ہے اور وہی جذباتی وابستگیوں کے مظاہر یہاں بھی دیکھنے میں آتے ہیں۔

اٹھارہویں صدی کے یورپ میں تشکیک کا دروازہ کھلا۔ لوگوں نے مذہب کو چیلنج کر دیا۔ وہ مسیحی عقائد کو عقل و منطق کی کسوٹی پر پرکھ کرّد کرنے لگے۔ مذہب کے ساتھ وابستہ اعتقادات اور عقیدتیں ماند پڑنے لگیں، لیکن فردان کی جذباتیت اور رویے سے چھٹکارا نہ پا سکا، متبادل کے طور پر وہ فطرت، سائنس، عقل اور انسانیت سے متعلق انسانی فلسفوں کا پجاری اور فدائی بن گیا۔ مذہب کا تو رنگ ہلکا ہو ر ہا ہو تھا مگر مذہبی رویوں کی چھاپ اب بھی گہری تھی جس نے اپنی تسکین کے لیے انسان کے خود ساختہ فلسفیانہ خداؤں کے ساتھ وابستگی پیدا کر لی تھی اور ان کی تبلیغ اور دفاع میں بھی وہی جذباتیت پائی گئی جو مذہب کے لیے پائی جاتی تھی۔

یہی وہ دور تھا جب فرد کا یہ رویہ سیاسی ریاست کے ساتھ بھی وابستہ ہو گیا۔ مذہبی رویوں اور عقیدتوں کا مذہب سے منتقل ہو کر انسان کے وضع کردہ فلسفوں کے ساتھ وابستہ ہو جانے کا رجحان اس صدی کی خصوصیت ہے۔ اب انسان کے خود ساختہ خدا حسی اور نظر آنے والے ہیں، جن کی پوجا کرنے اور ان کی خاطر قربانیاں دینے کا نقد اور مادی فائدہ ملتا نظر آتا ہے۔

انقلابِ فرانس نے قومیت کو مذہب بنانے میں اہم کردار ادا کیا۔ ایبے رینل (Abbe Raynal) نے کہا کہ ریاست مذہب کے لیے نہیں ہے، بلکہ مذہب ریاست کے لیے ہے۔ (غور کیجیے تو یہ نظریہ مولانا مودودی کے فلسفۂ سیاست و حکومت کا ہے۔ ان کے نزدیک دین کا مطمحِ نظر ایک اسلامی ریاست کا قیام ہے۔ گویا ان کے ہاں بھی دین ریاست کے قیام کے لیے ہے۔ انیسویں صدی میں قومیت کا جو تصور پھونکا گیا، مولانا مودودی کے ہاں وہ مذہب کے اسلوب میں پیش کیا گیا) فرانس میں کیتھولزم اور نیشنلزم کے درمیان جنگ چھڑ گئی۔ سول کانسٹیٹیوشن آف کلرجی (1790) پاس ہوا جس کے مطابق وہی پادری گرجا میں اپنے مذہبی فرائض ادا کر سکتا تھا جو ریاست کے آئین کو تسلیم کرے۔ اس کا انکار کرنے والوں پر جبر کیا گیا اور ان پر عرصۂ حیات تنگ کر دیا گیا۔ قومیت کے نام پر جبر نے قومیت کو ایک مکمل مذہبی رُوپ دے دیا جہاں ایک فرد کو اس تصور کی بنا پر دوسرے


فکری مزاحمت کے پہلو

انسان پر جبر اور اس کی جان لینے کا حق حاصل ہو گیا۔ 1791 میں فرانس کا آئین منظور ہوا، جس نے اسے نہیں مانا اسے آئین کا کافر قرار دیا گیا۔ آئین کے منظور ہونے کے بعد آئین کے صحیفے کو ہاتھ میں پکڑ کر سر اور سینے پر رکھ کر ایک جلوس نکلا جو آئین کی تقدیس میں سر جھکائے، ادب و احترام سے آہستہ آہستہ سے چل رہا تھا جب کہ راستے میں کھڑے دیگر افسران نے آئین کے احترام میں اپنے سروں سے ٹوپیاں اتاریں۔

یہ مسیحی مذہبی رسوم تھیں جو اب آئین کی تقدیس کے ساتھ وابستہ کر دی گئی تھیں۔ مذہب کے ساتھ وابستہ دیگر مذہبی مظاہر، جیسے بپتسمہ دینا یا اسلام میں کلمۂ شہادت ادا کرنے کی طرح قومیت سے وفادار رہنے کا حلف لیا گیا۔ اسی بنا پر کسی بھی قومیت میں داخل کرنے سے پہلے وفاداری کا حلف لیا جاتا ہے، پھر مذہب ہی کی طرح قومیت سے انحراف بھی ارتداد کی طرز پر غداری قرار دیا گیا، جس کی سزا، ارتداد کی سزا کی طرح موت مقرر کی گئی۔

بچے کے پیدا ہوتے ہی جیسے اس کے مذہب کا فیصلہ ہو جاتا ہے اور اس کا باقاعدہ اندراج کرایا جاتا ہے، اسی طرح اس کی قومیت کا فیصلہ بھی پیدائش کے ساتھ ہی کر دیا جاتا ہے اور اس کا بھی اندراج کرایا جاتا ہے۔ چرچ اور مسجد کی طرح قومی عمارتوں کی یادگاریں وجود میں لائی گئیں، مذہبی مظاہر کی طرح قومیت کے اظہار کے بھی شعائر مقرر کیے گئے، مثال کے طور پر قومی جھنڈا اور قومی دن اس کی علامات ہیں۔ قومی مظاہر کی تقدیس کے اظہار کے لیے مذہب کی طرز پر مخصوص آداب اور اوقات بھی وضع کیے گئے، مثلاً قومی ترانہ بجتے وقت یا جھنڈا بلند ہوتے وقت با ادب کھڑا ہونا، سلیوٹ کرنا۔ مذہبی تہواروں کی طرح قومی دن منانے کی رسم ڈالی گئی۔ مذہب کی مقدس ہستیوں، رسولوں، انبیا اور مذہبی بزرگوں کے ساتھ قومی ہیرو بھی فرد کی تقدیس میں حصہ دار بن گئے۔ خدا کی حمد کی جگہ قومی ترانے اور حج جیسی مرکزی مذہبی رسم کی طرز پر قومی اجتماعات مقرر کیے گئے۔ مذہبی شعائر کی بے حرمتی کے تصور کی بنیاد پر قومی شعائر کی بے حرمتی بھی کفر کی طرح کا سخت قابل سزا جرم قرار پایا۔ مذہبی خطبات کی جگہ قومی خطبات نے لے لی، جو سیاسی اور فوجی زعما دیتے اور مذہبی خطبا کی طرح ہی عقل و منطق سے ہٹ کر محض جذبات کی اپیل سے لوگوں کا خون گرماتے ہیں۔ یوں قومیت اپنے تمام تر اعتقادات اور رسوم کے ساتھ ایک مکمل مذہب بن گئی۔

پوری ریاست قومیت کے خدا کی عبادت گاہ ہے۔ یہ ایسی مسجد ہے جس میں غیر قوم کے لوگ اس کی اجازت کے بنا داخل نہیں ہو سکتے۔ دوسری ریاست کے لوگ دوسرے قومی خدا کے پیروکار ہیں۔ یہ وہ غیر ہیں جن کو اپنے والے قومی خدا کے چرنوں میں قربان کرنا پڑے تو اس سے بھی دریغ نہیں کرنا چاہیے۔ قومیت کا مذہب نہ صرف عقیدت اور ایمان، بلکہ عقل و خیالات کو بھی اپنا غلام بنا لیتا ہے۔ عقل عیار اس کے لیے تاویلات گھڑتی ہے، ایسے ہی جیسے مذہبی متکلمین مذہب کا دفاع کرنے کے لیے عقلی دلائل تلاشتے اور تراشتے ہیں۔

قومیت کے خدا کے ساتھ لوگ ایک اُنس محسوس کرتے ہیں، سرشاری محسوس کرتے ہیں، اسے اپنا محافظ سمجھتے ہیں، اس کو داتا، رحم کرنے والا سمجھتے ہیں، اس کی خوشنودی حاصل کرنے کی کوشش کرتے ہیں اور اس کو ناراض کرنے سے ڈرتے ہیں۔ ہمارے ہاں دھرتی ماں اور رِیاست ہو گی ماں کے جیسی (وندے ماترم کہنے پر

اصرار ہمارے ہاں موجود ہے: مدیر) جیسے تصورات اسی ذہنیت کا نتیجہ ہیں۔ وجہ یہی ہے کہ یہاں خدا کے تصور میں دیویوں کا تصور قدیم تاریخ سے موجود رہا ہے۔ قومی ریاست کی ابدیت کا تصور بھی اسی کا ایک خاصہ ہے۔

مذہبی کتاب کی جگہ آئین نے لے لی۔ تقدیس میں اس کا درجہ وہی ہے جو قرآن یا بائبل کا ہے۔ اس میں قومیت کی تعریف درج کردی جاتی ہے اور اس کے معیار پر افراد کو ریاست کا کافر یا مؤمن تصور کیا جاتا ہے۔ آئین کی تفہیم میں باہم اختلاف بھی ہو جاتا ہے، ایسے ہی جیسے قرآن مجید یا بائبل کے متن کے فہم میں ہو جاتا ہے، لیکن اس کی تقدیس اٹل اور متفقہ سمجھی جاتی ہے۔ قومیت کی خاطر جان دینا اتنا ہی مقدس فرض باور کرایا جاتا ہے جتنا مذہب کی خاطر، اور مرنے والے کو شہید کا نام بھی مذہبی تعبیر سے لے کر دیا گیا ہے۔

قومیت کے بت کی تقدیس کو قائم رکھنے کے لیے قوم کی تاریخ کو بھی تقدس کا لبادہ پہنایا جاتا ہے۔ قومی کوتاہیوں کو منہا کر کے قوم کی تاریخ ایسے انداز میں پڑھائی جاتی ہے کہ وہ معصوم ہستیوں کی تاریخ کی طرح خطا سے پاک و مقدس تاریخ ہے، جس پر ایمان لانا لازم ہوتا ہے اور اس پر سوال اٹھانا کفر کی طرح غداری سمجھا جاتا ہے۔ نیز، عوامی شہرت رکھنے والی غیر مستند مذہبی روایات کی طرح ہی غیر مستند قومی روحانی روایات بھی گھڑی جاتی ہیں، جنھیں عوام میں با قاعدہ پھیلایا جاتا ہے۔ گو یا خواب و مکاشفات کی پوری دیو مالا مرتب کی جاتی ہے۔

اسکولوں کالجوں کی نصاب سازی اسی نقطۂ نظر سے کی جاتی ہے کہ کوئی ایسی حقیقت اس میں شامل نہ ہو جو قومیت کے مذہب یا اپنی قومیت کی تقدیس پر ان کے ایمان کو متزلزل کر دے۔ قومی حق حکمرانی کے قیام اور اس کی بقا کے لیے اپنا سب کچھ قربان کر دینے، اس کی بنیاد پر اپنی جان دینے اور دوسروں کی جان لینے کو قومی بیانیہ کے طور پر بچپن سے ہی بچوں کے اذہان میں ڈالا جاتا ہے اور اس طرح ان کی ذہن سازی کی جاتی ہے۔ میڈیا اور صحافت کو اس کا پابند بنایا جاتا ہے کہ وہ قومیت کے خلاف کچھ نہیں لکھ سکتے ورنہ سزا اور جرمانہ کا سامنا کر پڑتا ہے۔

قومیت کے مذہب کا یہ کارنامہ ہے کہ بغیر کسی مابعد الطبیعیاتی تصور اور آخرت میں ابدی انعامات کے حصول کی کوشش کے یہ فرد کو اپنی جان محض قومی تفاخر کے اظہار کے لیے قربان کر دینے پر راضی کر لیتا ہے۔ یہاں رسول اللہ صلی اللہ علیہ وسلم سے منسوب ایک روایت کا نقل کرنا برمحل ہوگا۔ حضرت ابوموسیٰ اشعریؓ کا بیان ہے کہ ایک شخص حضورؐ کی خدمت میں حاضر ہوا اور پوچھا کہ کوئی مال غنیمت حاصل کرنے کے لیے لڑتا ہے، کوئی شہرت اور ناموری کے لیے لڑتا ہے، کوئی اپنی بہادری دکھانے کے لیے لڑتا ہے، فرمایئے کہ ان میں سے کس کی لڑائی اللہ کی راہ میں ہے؟ نبی مکرم صلی اللہ علیہ وسلم نے جواب دیا کہ اللہ کی راہ میں لڑائی تو صرف اس کی ہے جو محض اللہ کا بول بالا کرنے کے لیے میدان میں اترے۔ (بخاری، رقم 2810)

سینکڑوں سالوں سے لوگ میدان جنگ میں قومیت کے بت پر قربان ہو رہے ہیں اور دوسرے انسانوں کو محض اس وجہ سے نفرت یا حقارت سے دیکھتے ہیں کہ وہ ان کے ہم قوم نہیں ہیں۔ محض اس بنا پر اپنے ملک کی کم معیاری یا غیر معیاری اشیا اور ادویات خرید لیتے ہیں کہ اس سے ان کی قومیت کا اظہار ہوتا ہے۔ قومیت ایک فکری مزاحمت کے پہلو

ایسا مذہب ہے کہ مختلف الہامی مذاہب کو ماننے والوں یا ایک الہامی مذہب کے فرقوں کے درمیان اگر نفرت اور چپقلش بھی ہو تو قومیت کے مذہب میں آ کر وہ سب متحد ہو جاتے ہیں۔ اس کے باوجود یہ حقیقت ہے کہ قومیت اپنی نہایت میں اپنے اندر آفاقیت نہیں رکھتی۔ یہ انسانوں کو تقسیم کرنے اور انسانوں کے درمیان، تفاخر، نفرت اور حقارت کا بیانیہ ہے۔

قومیت بطور مذہب کشادہ دلی یا عدل کا کوئی تصور پیدا نہیں کرتی۔ یہ مغرور ہے، متواضع نہیں۔ یہ انسانی اہداف کو عالم گیر نہیں ہونے دیتی۔ یہ کہتی ہے کہ دنیا میں یہودی یا یونانی ہونے چاہئیں، بس فرق یہ ہے کہ یہ مختلف قسم کے یہودی اور یونانی اب ہر جگہ ہیں۔ قومی ریاست قبائلی عصبیت کا دوسرا نام ہے جس میں خود غرضی، خاص طرح کی جہالت اور جابر قسم کا عدمِ برداشت اور جنگی رجحان پایا جاتا ہے۔ قومیت امن نہیں، جنگ کی خوگر ہے اور ہم اس سے آگے دیکھنے کی تجویز آپ کے سامنے رکھتے ہیں۔

[بشکریہ 'تجزیات آن لائن'، یکم اپریل 2019]

# دوسروں کے لیے بولنا اور بھی ضروری ہے

اروندھتی رائے

اسٹوارٹ ہال میموریل لیکچر کے لیے مدعو کرنے کے لیے میں آپ کی مشکور و ممنون ہوں۔ ایسا محسوس ہو رہا ہے کہ جیسے عرصہ سے ہم لوگ اس کے منتظر تھے۔ شاید میں کبھی اس خوشی اور مسرت کو بھلا نہیں پاؤں گی جو مجھے اس وقت یہاں اپنے ہی جیسے لوگوں کے درمیان محسوس ہو رہی ہے۔

وبا کا قہر کسی حد تک کم تو ہوا ہے لیکن ابھی تک ہم میں سے بہت سے لوگ اس سے ملے نا کہ اندوہ ناک درد و غم سے ابھرنے کی کوشش کر رہے ہیں۔ مجھے یہ یقین ہی نہیں ہوتا ہے کہ میں اسٹوارٹ ہال سے کبھی ملی ہی نہیں، بلکہ مجھے تو انھیں پڑھنے کے بعد ایسا محسوس ہوتا ہے کہ جیسے ہم دونوں نے ایک طویل عرصہ ہنستے بولتے ایک ساتھ گزارا ہے۔

اس لیکچر کا موضوع 'تھنگس دیٹ کین اینڈ کین ناٹ بی سیڈ' میری ایک مختصر سی کتاب کا نام ہے جو میں نے ایکٹر جان کیوسک کے ساتھ مل کر لکھی۔ یہ روس میں کیے گئے ایک سفر کے متعلق ہے جو 2013 میں ہم دونوں نے ماسکو میں موجود ایڈورڈ اسنوڈین سے ملاقات کے لیے کیا تھا۔ اس سفر میں ہمارے ساتھ ڈینیئل ایلسبرگ بھی تھے۔

ان لوگوں کے لیے یہ واضح کر دوں جو شاید اس وقت کافی چھوٹے رہے ہوں گے کہ اسنوڈین جرائم کو بے نقاب کرنے والے وہ صحافی تھے جنھوں نے امریکی وزارت دفاع کی ویتنام جنگ کے دوران، تواتر سے کی گئی دروغ گوئی کو دستاویزی ثبوتوں کے ساتھ دنیا کے سامنے اجاگر کیا تھا۔

اسنوڈین جس نے ہم کو سالوں پہلے خبردار کر دیا تھا کہ ہم بالکل بے خبری کی حالت میں، جیسے کوئی نیند میں چل رہا ہو، آہستہ آہستہ قید و بند اور جبر و قہر کے ساتھ نگرانی کرنے والی حکومتوں کے دور میں اپنے ایک نہایت عزیز چھوٹے سے دوست، فون کے ساتھ داخل ہو رہے ہیں۔ یہ چھوٹا سا ہمارا دوست اب ہمارے جسم کے ایک



فکری مزاحمت کے پہلو

اہم عضو کی طرح، ہماری زندگی کا ایک حصہ بن گیا ہے۔

وہ ہر وقت ہماری نگرانی کرتا رہتا ہے اور ہماری پل پل کی نہایت ذاتی قسم کی حرکات و سکنات ریکارڈ کر کے ترسیل کرتا رہتا ہے تاکہ ہر وقت ہماری نگرانی کی جا سکے اور بہ آسانی ہمارا تعاقب کیا جا سکے، اور اس طرح ہم مکمل قابو حاصل کر کے ہم کو ایک معیاری قسم کا 'فرماں بردار' پالتو بنایا جا سکے۔ یہ صرف حکومتیں ہی نہیں کر رہی ہیں بلکہ ہم سب بھی ایک دوسرے کے ساتھ کر رہے ہیں۔

تصور کیجیے کہ اگر آپ کا جگر یا پِتّا صحیح کام نہیں کر رہا ہے تو ڈاکٹر آپ سے یہی کہے گا کہ آپ ایک موذی مرض میں مبتلا ہیں۔ بس سمجھ لیجیے کہ ہماری یہی حالت ہے، اب ہم اپنے اس دوست نما دشمن 'فون' کے بغیر کچھ نہیں کر سکتے، لیکن یہ سِسٹم ہمارے اندر سب کچھ کر رہا ہے۔ میں آج اپنی بات کہی جا سکنے اور نہ کہی جا سکنے والی باتوں سے شروع کروں گی اور اس کے بعد اپنی اس نہایت پہچانی جانی خوبصورت دنیا کے بکھرنے کا ذکر کروں گی۔

یہ سال ان لوگوں کے لیے بدتر تھا، جنہوں نے وہ باتیں کہی تھیں یا کی تھیں، جن کا کہنا یا کرنا منع تھا۔ ایران میں 22 سالہ مہسا امینی کو اس وقت قتل کر دیا گیا جب وہ 'گشتِ ارشاد' یعنی اخلاقی پولیس کی حراست میں تھی، اس کا گناہ یہ تھا کہ اس نے حکومت کی ہدایت کے مطابق اسکارف نہیں پہنا تھا۔ اس کے بعد جو احتجاجی مظاہرہ ہوا اور جو اس وقت جاری ہے، اس میں بہت سے لوگ مارے گئے۔

دریں اثنا، ہندوستان کی جنوبی ریاست کرناٹک میں اسکول میں پڑھنے والی مسلم بچیوں نے اپنی مسلم شناخت کو واضح کرنے کے لیے جب اپنے کلاس روم میں حجاب پہنا تو دائیں بازو کے شدت پسند ہندوؤں نے ان کو جسمانی طور پر ہراساں کرنے کی کوشش کی۔ حالانکہ یہ وہ جگہ ہے جہاں ہندو اور مسلمان صدیوں سے مل جل کر رہتے چلے آ رہے ہیں، لیکن حال ہی میں انتہائی خطرناک حد تک پولرائز ہو چکے ہیں۔

دونوں واقعات کہ ایران میں حجاب کی پابندی اور ہندوستان اور دوسرے ممالک میں حجاب کی ممانعت دو متضاد باتیں نظر آتی ہیں، لیکن اصل میں ایسا ہے نہیں، عورتوں کو زبردستی حجاب پہننے پر مجبور کرنا، یا نہ پہننے پر مجبور کرنا دراصل دونوں ہی جبر و استبداد کے مترادف ہیں۔ ان کے کپڑے اتارو، ان کو کپڑے پہناؤ، یہ تو عورت کے اوپر تسلط جمانے اور اس کو اپنا تابع بنانے کا صدیوں پرانا مشغلہ ہے۔

اگست میں، سلمان رشدی پر نیو یارک میں ایک مسلم شدت پسند کے ذریعے ان کی کتاب 'شیطانی آیات' کی وجہ سے وحشیانہ حملہ کیا گیا۔ ان کی یہ کتاب 1988 میں پہلی بار شائع ہوئی تھی۔ 1989 میں آیت اللہ خمینی نے جو ایران میں انقلاب کے بعد، اسلامک ری پبلک آف ایران کے پہلے سربراہ تھے، رشدی کی موت کا فتویٰ صادر کیا تھا۔ اتنا عرصہ گزر جانے کے بعد اب جبکہ ایسا محسوس ہونے لگا تھا کہ اس کتاب کی وجہ سے جو جذبات مشتعل ہوئے تھے اور غم و غصہ پیدا ہوا تھا، وہ اب ٹھنڈا ہو چکا ہو گا، اور اس کی وجہ سے آہستہ آہستہ رشدی روپوشی سے باہر نکلے تھے کہ یہ حملہ ہو گیا۔


فکری مزاحمت کے پہلو

رشدی کے اس حملے میں بچ جانے اوران کے اچھے ہونے کی ابتدائی خبروں کے بعد، مجموعی طور پران کے بارے میں کوئی خبرنہیں ہے۔ ہم توصرف یہ امید ہی کرسکتے ہیں کہ وہ صحت یاب ہورہے ہیں اور دوبارہ صحیح و سالم ادب کی دنیا میں واپس لوٹیں گے۔ امریکہ اور یورپ کے سربراہان مملکت نے پورے طور پر رشدی کی حمایت کی اوربعض نے تو اس موقع سے فائدہ اٹھاتے ہوئے یہ تک کہا ہے کہ 'ان کی لڑائی ہماری لڑائی ہے'۔

اسی دوران جولین اسانژ، جس نے ان ممالک کے ان فوجیوں کے خوفناک جرائم کا پردہ فاش کیا تھا، جنھوں نے جنگوں میں لاکھوں افراد کوموت کے گھاٹ اتار دیا تھا، وہ اب تشویشناک حدتک خرابی صحت اور بیماری کی حالت میں بیلمارش جیل میں قید ہیں، اورامریکہ کوحوالے کیے جانے کا انتظار کررہے ہیں جہاں ان کوموت کی سزا یا عمرقید ہوسکتی ہے۔

لہٰذا ہم کورشدی پر اس خوفناک حملے کو 'تہذیبوں کے تصادم' یا 'جمہوریت بمقابلہ تاریکی' جیسی فرسودہ اصطلاحات میں ڈھالنے سے پہلے توقف اور تحمل سے کام لینا ہوگا، کیوں کہ 'آزادیٔ اظہار' کے نام نہاد اماموں کی سربراہی میں کیے گئے حملوں میں لاکھوں افراد ہلاک ہوچکے ہیں اوان لاکھوں میں ہزاروں ادیب وشاعراور دوسرے فنکار بھی شامل ہیں۔

جہاں تک ہندوستان سے خبروں کا تعلق ہے، جون میں، ہندوستان کی برسر اقتدار ہندو نیشنلسٹ پارٹی، بی جے پی کی ترجمان نوپور شرما نے، جو کبھی ٹی وی کے ٹاک شوز میں مستقل اپنے تحکمانہ اوردھمکانے والے انداز کے ساتھ نظر آتی تھیں، انھوں نے پیغمبر اسلام کے خلاف نہایت ہی غیر مناسب تبصرے کیے تھے، جن کا واحد مقصد صرف جذبات کو بھڑکانا ہی نظر آتا تھا، جس پر بین الاقوامی طور پر کافی واویلا مچا اور جان سے مارنے کی دھمکیاں بھی انھیں ملیں۔

جس کے بعد وہ تو پبلک لائف سے غائب ہوگئیں، لیکن دوسرے ہندو جنھوں نے نوپور شرما کے الفاظ دہرائے تھے، انھیں دن دھاڑے، بے رحمی سے سر قلم کر کے قتل کر دیا گیا، اوراس کے بعد کچھ شدت پسند متعصب مسلمانوں نے 'سرتن سے جدا' کے نعرے لگائے اور حکومت سے 'اہانت رسول' کے سلسلے میں قانون پاس کرنے کی مانگ شروع کر دی، شاید ان مذہبی جیالوں کو اس بات کا قطعی احساس نہیں تھا کہ حکومت کے لیے ان کی یہ حیوانی متعصب شدت پسندی کس قدر خوشی کا باعث ہوسکتی ہے۔

صرف یہی لوگ، قتل و غارت گری اور سینسرشپ کا مقابلہ نہیں کر رہے ہیں۔ اس مہینے کے شروع میں، میں بنگلور میں تھی، میں وہاں اپنی دوست گوری لنکیش کے قتل کی پانچویں برسی پر اپنے تاثرات کا اظہار کرنے کے لیے گئی تھی۔ وہ ایک صحافی تھیں جن کو ان کے گھر کے باہر، ہندو شدت پسندوں نے گولی مار کر ہلاک کر دیا تھا۔ان کا قتل، ان متعدد ہلاکتوں میں سے ایک تھا، جو غالباً ایک ہی بدنام گروہ نے انجام دیے تھے۔

ڈاکٹر نریندر دابھولکر جو ایک ڈاکٹر ہونے کے ساتھ ہی مشہور ومعروف (عقلیت پسند) مفکر بھی تھے،

ان کو 2013 میں گولی مار کر ہلاک کیا گیا تھا۔ کامریڈ گووند پانسرے، جو ایک ادیب تھے اور کمیونسٹ پارٹی آف انڈیا کے ممبر تھے ان کو 2015 میں گولی ماری گئی تھی اور کنڑ زبان کے عالم پروفیسر ایم ایم کلبرگی کو اسی سال اگست میں گولی ماری گئی تھی۔

صرف قتل کرنا ہی سینسر شپ کا واحد ایک طریقہ نہیں ہے، جس کا ہم سامنا کر رہے ہیں۔ 2022 میں ورلڈ پریس فریڈم انڈیکس کی 180 ملکوں کی فہرست میں ہندوستان 150 ویں نمبر پر تھا، یعنی پاکستان، سری لنکا اور میانمار سے بھی نیچے۔ ہمیں صرف حکومت کی طرف سے ہی نہیں بلکہ سڑکوں پر ہجوم کے ذریعے، سوشل میڈیا پر ٹرول کے ذریعے اور ستم ظریفی یہ کہ خود میڈیا کے ذریعے نشانہ بنایا جاتا ہے۔

سینکڑوں 7×24 ٹی وی نیوز چینل جن کو ہم اکثر 'ریڈیو انڈا' کہتے ہیں، ہمارے بے لگام ٹی وی اینکرز مسلمانوں اور 'اینٹی نیشنل' لوگوں کے خلاف نہایت غصے میں چلّاتے نظر آتے ہیں اور سوال کرنے یا کسی طرح کا اختلاف کرنے والوں کو برطرف کرنے، گرفتار کرنے اور سزا دینے کا مطالبہ کرتے ہیں۔

انھوں نے بغیر کسی جواب دہی کے، بعض لوگوں کی زندگی کو اور ان کی ساکھ کو پوری طرح سے تباہ و برباد کر دیا ہے۔ سماجی کارکن، شاعر، ادیب، دانشور، صحافی،  وکیل اور طلبہ تقریباً ہر روز گرفتار کیے جا رہے ہیں۔ جہاں تک کشمیر کا سوال  ہے، وادی سے کوئی خبر نہیں آسکتی۔ وہ ایک وسیع و عریض جیل کی مانند ہے۔ جلد ہی وہاں شہریوں سے زیادہ فوجی نظر آ سکتے ہیں۔

کشمیریوں کی کوئی بھی مواصلت، چاہے وہ نجی ہو یا عوامی، یہاں تک کہ ان کی سانسوں پر پہرے بٹھا دیے گئے ہیں۔ وہاں اسکولوں میں گاندھی کے محبت کے پیغام کی آڑ میں، مسلمان بچوں کو ہندو دھارمک بھجن گانے کی تعلیم دی جا رہی ہے۔

آج کل جب کبھی میں کشمیر کے بارے میں سوچتی ہوں تو نہ جانے کیوں، مجھ کو یاد آتا ہے کہ بہت سی جگہوں پر تربوز کو چوکور سانچوں میں اُگانے کے لیے تیار کیا جا رہا ہے تا کہ وہ گول ہونے کے بجائے چوکور ہوں، جن کا ڈھیر لگانے میں آسانی ہو۔ ایسا محسوس ہوتا ہے کہ کشمیر میں ہندوستانی حکومت، بندوق کی نوک پر یہی تجربہ تربوزوں کے بجائے انسانوں پر کر رہی ہے۔

شمالی ہندوستان، یعنی گنگا کی وادی میں، تلوار دھاری ہندوؤں کی بھیٹر، سادھوؤں کی قیادت میں، جن کو میڈیا مصلحتاً 'دھرم گرو' کہتا ہے، مسلمانوں کی نسل کشی اور مسلم خواتین کے ریپ کی اپیل کر رہے ہیں۔

ہم نے دن دہاڑے لنچنگ کا مشاہدہ کیا ہے، اور اس کے ساتھ ہی تقریباً ایک ہزار مسلمانوں کا قتل عام (غیر سرکاری اندازے کے مطابق مرنے والوں کی تعداد دو ہزار کے قریب تھی) 2002 میں گجرات میں اور 2013 میں مظفر نگر میں سینکڑوں لوگوں کی ہلاکت۔ حیرت کی بات نہیں کہ دونوں قتل عام انتخابات سے عین قبل ہوئے تھے۔


فکری مزاحمت کے پہلو

ہم نے دیکھا کہ جس شخص کی چیف منسٹرشپ کے دوران گجرات میں قتلِ عام ہوا تھا، وہ نریندر مودی، اپنی پوزیشن کو ایک ہندو سمراٹ کے بطور مستحکم کرنے کے بعد ملک کا اعلیٰ ترین عہدہ سنبھالنے کے لیے اٹھ کھڑے ہوئے۔ انھوں نے، جو کچھ ہوا تھا، اس کے لیے کبھی کوئی اظہارِ افسوس نہیں کیا، نہ ہی کوئی معذرت چاہی، ہم نے تو ہمیشہ انھیں خطرناک قسم کے طنزیہ مسلم مخالف جملوں اور بیانات سے اپنی سیاسی حیثیت کو چمکاتے ہوئے دیکھا ہے۔

ہم نے یہ بھی دیکھا ہے کہ ملک کی سب سے اعلیٰ عدالت نے انھیں، ہر طرح کی ذمہ داری سے قطعی طور پر بری الذمہ کر دیا ہے۔ ہمیں یہ دیکھ کر شرمندگی ہوتی ہے کہ، نام نہاد آزاد دنیا کے رہنما، انھیں ایک جمہوریت پسند سیاست داں کے بطور گلے لگاتے ہیں۔

پچھلے مہینے ہی ہندوستان نے، برٹش راج سے اپنی آزادی کی 75 ویں سالگرہ منائی تھی، اس موقع پر مودی، دہلی کے لال قلعہ سے دیے گئے اپنے لیکچر میں، عورتوں کو باختیار بنانے کے سلسلے میں خوب گرج رہے تھے، وہ نہایت جوش و خروش کے ساتھ مٹھیاں بند کر کے بول رہے تھے۔ انھوں نے قومی پرچم والے تین رنگوں کی پگڑی باندھ رکھی تھی۔

ذات پات کے فلسفہ پر تشکیل دیے گئے ہمارے اس ہندوستانی سماج میں، خواتین کو باختیار بنانے کی بات کی جا رہی ہے، جہاں صدیوں سے اعلیٰ ذات کے افراد دلت اور آدی باسی عورتوں کے جسموں پر اپنا پیدائشی حق سمجھتے ہیں اور اس حق کو پابندی سے استعمال کرتے رہتے ہیں۔ یہ صرف ایک پالیسی کا مسئلہ نہیں ہے۔ یہ تو ہمارے پورے سماج کے طور طریقوں اور ہمارے عقیدے اور اس کے نظام کا مسئلہ ہے۔

ہندوستان میں عورتوں کے خلاف جرائم کا گراف بڑھ رہا ہے جس کی وجہ سے دنیا کے نقشہ میں ہندوستان، عورتوں کے لیے نہایت غیر محفوظ جگہ بن گیا ہے۔ یہ دیکھ کر کسی کو کوئی تعجب نہیں ہوتا ہے کہ اکثر مجرم یا تو خود اہلِ اقتدار پارٹی سے یا ان سے متعلق لوگوں میں سے ہی ہوتے ہیں۔ اور اس طرح کے معاملات میں، ہم نے ریپ کرنے والوں کے حق میں بڑی بڑی ریلیاں دیکھی ہیں۔

ابھی حال میں ایک 19 سالہ لڑکی کے ریپ اور قتل کرنے کے معاملہ میں دیکھا کہ، ایک مقامی لیڈر نے اس لڑکی کے باپ کو خطاوار ٹھہرانے کی کوشش کی کہ اس کا یہ عمل (یعنی جوان بیٹی کو نوکری کروانے کا عمل) 'بھوکی بلیو ں کے آگے کچا دودھ پیش کرنے' کے مصداق تھا۔

یہی نہیں بلکہ جب مودی یومِ آزادی پر تقریر کر رہے تھے تو اسی دوران، گجرات میں، بی جے پی کی گورنمنٹ نے، ان گیارہ لوگوں کے لیے خصوصی معافی کا اعلان کیا تھا جو 2002 میں 19 سالہ بلقیس بانو کے گینگ ریپ اور ان کے خاندان کے چودہ افراد کو قتل کرنے کے جرم میں عمر قید کی سزا کاٹ رہے تھے۔ قتل کیے جانے والے لوگوں میں بلقیس بانو کی ماں، چچا اور چچی اور ان کی بیٹیاں اور ایک چچا زاد بہن کا ایک دن اور اور



فکری مزاحمت کے پہلو

بلقیس بانو کی اپنی تین سال کی بیٹی صالحہ شامل تھی جس کا سر ایک پتھر پر پٹک کر پھوڑا گیا تھا۔

یہ بھیانک جرم، اسی نوعیت کے ان دوسرے متعدد جرائم میں سے ایک تھا، جو 2002 میں گجرات کے مسلم مخالف قتل عام کے دوران کیے گئے تھے اور جن کا میں نے اوپر ذکر کیا ہے۔ جس پینل نے ان کی رہائی کی منظوری دی تھی اس کے زیادہ تر ارا کین، بی جے پی کے تھے۔

ان میں سے ایک رکن نے، جو ممبر اسمبلی بھی ہیں، ریکارڈ پر کہا تھا کہ چونکہ اِن میں سے کچھ مجرم اچھے سنسکار والے برہمن ہیں، اس لیے ان کے قصوروار ہونے کا سوال ہی پیدا نہیں ہوتا۔

جن معاملات میں سی بی آئی تفتیش کرتی ہے جیسا کہ اس کیس میں ہوا تھا، ان معاملات میں قانونی طور پر یہ ضروری ہوتا ہے کہ مجرموں کو کسی قسم کی رعایت دینے کے لیے سینٹرل گورنمنٹ کی منظوری ضروری ہوتی ہے۔ ظاہر ہے سینٹر میں نریندر مودی جی کی حکومت ہے اس لیے یہ فرض کیا جانا چاہیے کہ سینٹرل گورنمنٹ نے یہ منظوری دی تھی۔

جیل سے باہر آتے ہی ان مجرموں کا، ایک ہیرو کی طرح، خیر مقدم کیا گیا تھا۔ ان کے گلے میں ہار ڈالے گئے تھے، ان کو مٹھائیاں کھلائی گئی تھیں اور عقیدت سے ان کے پیر چھوئے گئے تھے۔ یہ سب ان ہندو گروپ کے ممبران کی طرف سے کیا گیا تھا جو ایک سوتیلے رشتہ دار کی مانند، سنگھ پریوار سے جڑے ہوئے ہیں۔ 'سوتیلے رشتہ دار کے مانند' اس لیے کہ ضرورت پڑے تو انھیں 'بیگانہ' کہہ کر اپنائیت سے انکار کیا جا سکے۔ اور کچھ ہی مہینوں بعد گجرات میں الیکشن ہونے والے ہیں۔

ہندوستان میں، ہمارے آزادانہ، صاف و شفاف انتخابات سے پہلے عجیب و غریب واقعات رونما ہوتے ہیں۔ یہ ہمیشہ ہی نہایت خطرناک وقت ہوتا ہے۔

جہاں ایک طرف ریپسٹ اور قتل عام کرنے والے رہا ہو کر سماج کے باعزت شہری بن گئے ہیں، وہیں دوسری طرف، تیستا سیتلواڑ جیسی سماجی کارکن کی تنظیم سٹیزن فار جسٹس اینڈ پیس نے نہایت چھان بین کے بعد 2002 کے قتل عام کے سلسلے میں ان دستاویزی ثبوتوں کا انبار لگا دیا تھا جو عام طور پر گجرات گورنمنٹ اور خاص طور پر نریندر مودی کے اس میں ملوث ہونے کے واضح اشارے فراہم کرتے ہیں، ان کو (تیستا سیتلواڑ کو) جعل سازی، گواہوں کو تربیت دینے اور معاملے کو گرم رکھنے کوشش کرنے کے الزام میں گرفتار کیا گیا۔

یہ ہیں وہ حالات جن کے درمیان ہم کام کر رہے ہیں اور وہ سب کچھ کہہ رہے ہیں جو کہا نہیں جا سکتا۔ دوسری تمام چیزوں کی طرح، بولنے پر بھی، ذات، مذہب اور جنس کے امتیازات کے ساتھ قانون لاگو کیا جاتا ہے۔ ایک مسلمان وہ نہیں کہہ سکتا جو ایک ہندو کہہ سکتا ہے؟ ایک کشمیری وہ نہیں کہہ سکتا ہے جو دوسرے لوگ کہہ سکتے ہیں۔ آج یکجہتی، بھائی چارہ اور دوسروں کے حقوق کی آواز اٹھانا پہلے سے کہیں زیادہ اہم اور ضروری ہو گیا ہے لیکن ایسا کرنا نہایت خطرناک اور جان جوکھم میں ڈالنے کا عمل بن گیا ہے۔



فکری مزاحمت کے پہلو

دوسرے ممالک ہی کی طرح ہندوستان میں بھی، پہچان کی ہتھیار بندی کے عمل ہنے، جس میں پہچان کو الگ الگ کر دیا گیا ہے اور چھوٹے چھوٹے زمروں میں تقسیم کر دیا گیا ہے، جس نے پورے ماحول کو مذہب کی توہین کی سزا دینے والی ایک خودکار مشین میں تبدیل کر دیا ہے اور ان ایٹی پہچان نے بھی اپنی طاقت کی درجہ بندی کر لی ہے۔

اپنی کتاب 'ایلیٹ کیپچر' میں فلسفی اولوفیمی اوتائیوو بیان کرتے ہیں کہ کس طرح سے ان گروپوں میں سے چند افراد جو نہایت نمایاں ہو جاتے ہیں، یعنی وہ افراد جو کسی بڑے ملک میں، یا کسی بڑے شہر میں، یا پھر کسی بڑی یونیورسٹی میں رہتے ہیں یا وہ جو انٹرنیٹ پر ایک سماجی حیثیت رکھتے ہیں، ان سب لوگوں کو مختلف فاؤنڈیشن اور میڈیا کے ذریعے اپنی پوری برادری کی طرف سے بات کرنے اور فیصلے کرنے کے لیے پلیٹ فارم مہیا کروایا جاتا ہے۔

یہ تاریخی درد اور ذلت کا قابل فہم ردعمل ہو سکتا ہے، لیکن یہ کوئی انقلابی ردعمل نہیں ہے۔ مائیکرو ایلیٹ کیپچر میکرو ایلیٹ کیپچر کا واحد جواب نہیں ہو سکتا۔ جیسا کہ بعض تجرباتی تحقیق سے پتہ چلا ہے کہ جب ہم تندہی سے سینسر شپ کے کلچر کو اپناتے ہیں تو حتمی طور پر، اس سے دائیں بازو کی طاقتوں کو بے پناہ تقویت ملتی ہے اور فائدہ پہنچتا ہے۔ اسکولوں کی ممنوعہ نصابی کتابوں کے سلسلے میں امریکہ کے ایک حالیہ مطالعے سے پتہ چلا ہے کہ ممنوعہ نصابی کتابوں کی اکثریت صنف اور نسل سے متعلق ترقی پسند متن پر مشتمل تھیں۔

کسی کمیونٹی کو خوف و ہراس میں مبتلا کرنا، یا ڈرا کر رکھنا، اس کی پہچان کو ختم کر کے اسے چارے محفوظ کرنے جیسے ڈھیر میں تبدیل کرنا، ایک خطرناک عمل ہوتا ہے، جو یکجہتی کے یکسر منافی ہوتا ہے۔ بدقسمتی سے ہندوستان میں یہی 'جات پات' کا اصل مقصد تھا اور ہے۔ یعنی لوگوں کو نا قابل تسخیر حد تک مختلف خانوں میں تقسیم کرنا، تا کہ کوئی بھی برادری، دوسری برادری کے دکھ درد کو محسوس نہ کر سکے، بلکہ وہ ہمیشہ ایک دوسرے سے برسرِ پیکار رہیں۔

یہ ایک نہایت عمدہ، مختلف انتظامات اور چاق و چوبند نگرانی کی ایک خودکار مشین کی طرح سے کام کرتی ہے جس میں سماج خود ہی اپنے انتظامات اور اپنی نگرانی کرتا ہے اور یہ کوشش کرتا رہتا ہے کہ جبر و استبداد کا وسیع ڈھانچہ مضبوطی سے اپنی جگہ پر قائم رہے۔ ہر ایک شخص، یا تو کسی پر ظلم کرتا ہے، یا کسی کا ظلم سہتا ہے، سوائے ان کے جو سب سے اوپر ہیں، یا جو سب سے نیچے ہیں (اور یہ درجہ بندی بھی نہایت باریک بینی سے کی جاتی ہے)۔

اگر ایک بار یہ بھول بھلیوں جیسا جال بچھا دیا جائے تو اس کے بعد کوئی بھی صحیح، صاف اور شفاف ہونے کے امتحان میں پاس نہیں ہو سکتا ہے۔ پھر وہ سب چیزیں جو بھی صاف شفاف یا عمدہ اور عظیم سمجھی جاتی تھیں، وہ سب یک لخت بے معنی سی ہو جاتی ہیں، ان کے اس معیار کے مطابق ان کا کوئی وجود ہی نہیں رہتا ہے۔

وہ ادب جو کبھی اعلیٰ اور عظیم سمجھا جاتا تھا، بے معنی ہو کر رہ جاتا ہے، وہ شیکسپیئر ہو یا ٹالسٹائی (جو ایک عورت اینا کرینینا کے ذہن تک کو سمجھ سکتا تھا یا دستوسکی جو بوڑھی عورتوں کو ہمیشہ ایک چڑیل کہتا تھا اور شاید اس کے معیار کے مطابق میں بھی ایک 'چڑیل' کہلانے کی اہل ٹھہرائی جاؤں گی۔ لیکن اس کے باوجود میں چاہوں گی کہ لوگ

اس کو پڑھیں۔ حالانکہ یہ کہنے کی ضرورت نہیں ہے کہ ان لوگوں کے اس معیار پر کسی بھی مذہب کی کوئی بھی مقدس کتاب پوری نہیں اترے گی۔

عوامی اظہارِ خیال کے شور و غل کے درمیان، ایسا محسوس ہو رہا ہے کہ ہم بہت تیزی کے ساتھ ایک طرح کے دانشورانہ اور فکری ٹریفک جام کی حالت میں پھنس کر رہ گئے ہیں۔ یکجہتی کبھی بنی بنائی، بالکل چمکتی ہوئی نہیں ہوتی ہے اس کے پہلے ہمیشہ لڑتے رہنا پڑتا ہے، بحث و مباحثہ کرتے رہنا پڑتا ہے، دلائل دیے جاتے ہیں، بہت سی چیزوں کی تصحیح کی جاتی ہے اور اس عمل کو روکنے کا مطلب ہے کہ ہم بھی وہی کر رہے ہیں جس کے خلاف ہم نے لڑنے کا دعویٰ کیا تھا۔

اب میں اپنی گفتگو کے دوسرے موضوع یعنی ہماری اس جانی پہچانی دنیا کے بکھرنے پر آنا پسند کروں گی، اور اب میں مہارانیوں اور ان کے جنازوں کے بارے میں کچھ کہنے کی اجازت چاہوں گی۔

جب برطانیہ کی ملکہ کا انتقال ہوا تھا تو وہاں کے کچھ اخباروں نے مجھ سے ان کے بارے میں کچھ لکھنے کے لیے کہا تھا۔ میں ان کی اس درخواست سے خاصے پس و پیش میں مبتلا ہو گئی تھی۔ شاید اس لیے کہ میں کبھی انگلینڈ میں نہیں رہی۔ کوئین الزابیتھ ضرور میرے ذہن کے کسی کونے میں موجود رہی ہوں گی۔ میں نے ان اخبار والوں سے کہا تھا کہ میں ضرور لکھوں گی، لیکن میری یہ تحریر ان ملکہ کے بارے میں ہوگی نہیں جو آپ کے ذہن میں ہیں۔

میں جس ملکہ کے بارے میں سوچ رہی ہوں، وہ میری ماں ہیں جنھوں نے ایک ہائی اسکول بنایا تھا اور اسے وہ چلاتی رہی تھیں۔ ان کا اسی مہینہ کے اوائل میں انتقال ہوا ہے۔ اچھے یا برے، انھوں نے ہی میری زندگی پر سب سے گہرے نقوش مرتب کیے ہیں۔ ہم ایک دوسرے کے نہایت خطرناک دشمن اور ہمیشہ ایک دوسرے کے لیے بیتاب اور بے چین رہنے والے دوست تھے۔

میں نے بچپن سے اپنے آپ کو جس راہ پر چلنے کے لیے تیار کیا تھا، وہ اس میں سب سے بڑی رکاوٹ تھیں۔ لیکن اب کہ وہ میرا دل تو ٹکرا ہی نہیں بلکہ کچل کر چلی گئی ہیں، مجھ کو اب اپنے ان طور طریقوں میں کوئی معنویت نہیں آتی ہے۔

میرا دل چاہ رہا تھا کہ آج میں ان دو جنازوں کی سیاست کا ذکر کروں، ایک وہ جو عالمی اسٹیج پر، اور دوسرا وہ جو ہندوستان کے ایک چھوٹے سے شہر میں موجود تھے۔ لیکن پھر میں نے اپنی اس خواہش کو دبا دیا تھا لیکن شاید اب میرے لیے وہ وقت آ گیا ہے کہ پہلی بار میں وہ سب کہوں جو نہیں کہنا چاہیے، خاص طور پر یہاں لندن میں۔

میرے لیے ملکہ کے جنازے کی رسومات کی تڑک بھڑک اور رونق اور کبھی نہ ختم ہونے والی ٹیلی ویژن نشریات نا قابل یقین تھیں۔ میں ان سیاہ فام لوگوں کے خلوص اور احترام کو دیکھ کر مسحور سی ہوگئی تھی جو ان کی، ان سابقہ کالونیوں میں، اعلیٰ عہدوں پر فائز رہے تھے، جن کو اب دولتِ مشترکہ کہا جاتا ہے، لیکن جہاں دولت کے نام پر کچھ بھی مشترک نہیں ہے بلکہ یہ سب تو یکطرفہ لوٹ کی مانند تھا۔


فکری مزاحمت کے پہلو

ہم نے ان نو آبادیاتی ممالک میں، ان کے قیمتی فر، زریں پوشاکوں، زیورات، ہیرے جواہرات اور ان کے سونے کے شاہی عصاؤں کی بھاری قیمت چکائی ہے۔

ان کولونیوں اور کولونیل ازم اور ان حکمرانوں کے بارے میں بہت کچھ کہا جا سکتا ہے جنھوں نے تاریخ کے اس نہایت ظالمانہ دور میں حکومت کی تھی۔ اس کہانی کو اسٹوارٹ ہال سے بہتر کون ہم کو سنا سکتا ہے؟ لیکن یہ کیا ہے؟ جیسے دیوار پر مبنی تصویر کی مانند، گھوڑسواروں کا کوئی مغموم و اداس دستہ گزر رہا ہو۔

مؤرخ مارک ڈیوس کے مطابق انیسویں صدی کے اواخر میں، نو آبادیاتی ہندوستان، چین اور برازیل میں 30 اور 60 ملین افراد خود انسانوں ہی کے تشکیل کردہ قحط میں بھوک اور پیاس سے مر گئے تھے، جس کو وہ لوگ وکٹورین 'ہولوکاسٹ' کے نام سے یاد کرتے ہیں۔

ہم لوگ کیوں ان لوگوں سے محبت کرتے اور ان کے گُن گاتے ہیں جو ہمیں بے عزت کرتے ہیں۔ آج یہ ایک نہایت اہم سیاسی سوال ہونے کے ساتھ ہی ذاتی سوال بھی ہو سکتا ہے۔

میں معافی چاہوں گی، اگر آپ کو یہ سب باتیں، کلونیل ازم یا نو آبادیاتی نظام پر ایک غیر معمولی تبصرے کے مانند نظر آئیں، کیوں کہ میں آپ کو ان ہندوستانی دانشوروں میں شمار نہیں کرتی ہوں جو صرف نو آبادیاتی نظام پر غم و غصہ کا اظہار کرتے رہتے ہیں، لیکن خود اپنے سماج میں موجود خامیوں کے بارے میں خاموش رہتے ہیں۔

مثال کے طور پر ہندو ذات پات کا نظام، سماجی تفریقی اور اونچ نیچ کا دنیا میں سب سے زیادہ ظالم اور سفاک نظام ہے، اس طرح کا نظام دنیا میں کہیں بھی نہ ہوگا۔ یہ ذات پات کی تفریق کا نظام ہندوستان میں برٹش نو آبادیاتی نظام سے پہلے بھی موجود تھا اور اُن کے جانے کے بعد آج بھی موجود ہے۔ یہی ذات پات کا نظام وہ انجن ہے جو آج جدید ہندوستان کے نظام کو چلا رہا ہے۔

یہ بات حیرت انگیز ہے کہ ہندوستان کے زیادہ تر ادیب اور دانشور ذات پات کے سوال کو یکسر نظر انداز کرتے رہے ہیں۔ اس چیز کو نظر انداز کرنے کے لیے جو ہر روز بلکہ ہر لمحہ ہماری نظروں کے سامنے موجود رہ کر ہمیں گھورتی رہتی ہے۔ ان لوگوں کو کوئی علمی یا ادبی نہایت مفصل اور پیچیدہ قسم کا یو گا، آسن لگانا ہوتا ہوگا۔

بہرحال ان سب موضوعات پر تو میں اکثر و بیشتر لکھتی رہی ہوں۔ اس لیے اب میں دوبارہ کوئین کے جنازے کے سلسلے میں اپنی الجھن کی طرف لوٹنا چاہتی ہوں۔ میں واقعی یہ بالکل نہیں سمجھ سکی ہوں کہ اس کا اصل مقصد کیا تھا؟ کیا کوئی اس کو سمجھنے میں میری مدد کر سکتا ہے؟

یہ سب اس چھوٹے سے جزیرے نما ملک کے ایک 96 سالہ حکمراں کے بارے میں تو ہو نہیں سکتا جس کو خود اپنی اس حکومت کے مختلف حصوں جیسے اسکاٹ لینڈ، ویلس اور شمالی آئرلینڈ کو بھی ساتھ رکھنے میں دشواریوں کا سامنا کرنا پڑتا ہے۔ یا پھر کیا یہ اس سلطنت کی بھولی بسری یادوں کی ایک بازگشت تھی جس میں سورج کبھی نہیں ڈوبتا



فکری مزاحمت کے پہلو

تھا؟ یا پھر یہ ان سب چیزوں کے علاوہ کچھ اور تھا؟ کیا اس کا تعلق ماضی سے تھا؟ یا پھر یہ مستقبل کے بارے میں تھا؟

جس طرح یوکرین میں جنگ بڑھتی جا رہی ہے، اسی طرح ہماری اس شناسا دنیا میں آپسی رشتے ٹوٹتے جا رہے ہیں۔ کیا یہ سب ایک تماشہ ایک طرح کی خاموش اداکاری اور پینترے بازی ہے اور اپنے رفیق اتحادیوں کی اس جنگ کے لیے نمائش ہے جو ابھی شروع نہیں ہوئی ہے؟ اسے دیکھ کر مجھے بار بار اچ مین کے ابتدائی باب کی یاد تازہ ہو گئی جو عالمی جنگ (اول) کی قیادت کے بارے میں ہے۔

مئی 1910 کی صبح، انگلینڈ کے ایڈورڈ 7 کے پرشکوہ جنازے کا منظر اتنا سحر انگیز تھا کہ جب نو سلاطین کی سواریاں نکلیں تو ماتمی لباس میں منتظر لوگوں کا ہجوم اس منظر کو دیکھ کر توصیف اور تحسین کے جذبہ سے مغلوب ہو کر حیرت زدہ سا، دم بخود رہ دردہ گیا تھا۔

لال، ہرے، نیلے اور جامنی رنگوں میں ملبوس، سلاطین کی تین تین سواریاں محل کے دروازے سے باہر نکلیں۔ ان کی جڑاؤ پگڑیاں، سنہری کلغیاں، سرخ پٹکے، جواہرات سے جڑے تمغے، سورج کی روشنی میں جگمگا کر آنکھوں کو خیرہ کر رہے تھے۔ اس کے بعد تاج کے آئندہ وارث پانچ شہزادوں کی سواریاں آئیں۔ پھر چالیس دیگر شاہی شہزادوں کی سواریوں کے بعد سات رانیوں کی سواریاں تھیں اور پھر ان کے بعد دیگر ممالک کے سفیروں کا ایک جم غفیر تھا۔ تقریباً 70 شاہی و غیر شاہی ممالک کا اس طرح کا اجتماع شاذ ہی اس سے پہلے کبھی ایک جگہ رونما ہوتا دیکھا گیا ہو گا۔

جب ایفل ٹاور نے اپنی لرزہ خیز آواز میں صبح کے 9 بجائے تھے، اس وقت جنازے کا یہ جلوس محل سے نمودار ہوا تھا۔ لیکن شاید تاریخ کی گھڑی میں یہ سورج کے ڈوبنے کا وقت تھا، اور قدیم دنیا اس مردہ شان و شوکت کے ڈھیر میں ڈوب رہا تھا جو پھر کبھی نظر نہیں آئے گی۔

یوکرین میں کھیلے جانے والے خطرناک دادا گیری کے کھیل کو چاہے کتنا بھی، دونوں فریقین نے پروپیگنڈے کے شور و شرابے سے مبہم کر دیا ہو لیکن تاریخ کی گھڑی بہت تیزی سے سورج کے غروب ہونے کے وقت کی طرف بڑھ رہی ہے۔ جنگ سے متعلق مختلف نظریات میں سے چند یوگا کے آسنوں کی طرح نہایت پیچیدہ ہوتے ہیں اور چند شدید دیدہ اَن دیکھی کرتے ہیں۔ ان سب کا انحصار صرف اس بات پر ہوتا ہے کہ آپ خود کیا چاہتے ہیں۔

بائیں بازو کے افراد روس کو یوکرین پر حملہ کرنے کا ذمہ دار قرار نہیں دے سکتے ہیں۔ ان کا یقین ہے کہ روس کے خلاف یوکرین کو لے کر جو غصہ دکھلایا جا رہا ہے وہ سب مغرب کی سامراجی طاقتوں کی بنائی اور پھیلائی جانے والی لغو باتیں ہیں۔

ان کے خیال سے 1930 میں یوکرین میں کوئی قحط نہیں پڑا تھا اور نہ ہی لاکھوں افراد (تاریخ داں ٹیموتھی اسنیڈر کے اندازے کے مطابق پچاس لاکھ) اسٹالن کی زبردستی عائد کردہ 'اجتماعی زراعت' کی پالیسی کی فکری مزاحمت کے پہلو

70

وجہ سے مارے گئے تھے۔

ان کے خیال سے روس کا یوکرین پر یہ حملہ دراصل نیٹو کے خطرے سے اپنا دفاع کرنے کے لیے کیا گیا ہے۔ حالانکہ یہ خیال غلط نہیں ہے لیکن سوال یہی ہے کہ یہ دفاعی جنگ اتنی جارحانہ طور پر، یوکرین میں، وہاں کے لوگوں کے خلاف کیوں لڑی جا رہی ہے۔

جب سرد جنگ ختم ہوئی تھی تو جوہری اسلحہ اور فوجوں کی تخفیف ہونی چاہیے تھی لیکن اس کے برخلاف نیٹو کے ممالک نے ہتھیاروں کی ذخیرہ اندوزی اور جنگ جو پہلے سے بھی زیادہ تیزی سے شروع کر دی تھی اور اپنے شریک اور ہمدرد ممالک کو اشتعال انگیز طور پر فوجیں جمع کرنے اور میزائلوں کے اڈے بنانے کے لیے استعمال کرنا شروع کر دیا تھا۔ اگر روس نے یورپ یا امریکہ میں اپنے ہمدردوں کے ذریعے وہ کیا ہوتا جو نیٹو اس کے ساتھ کر رہا ہے تو اس میں کوئی شک نہیں ہے کہ مغربی میڈیا اخلاقی دلائل سے آسمان سر پر اٹھا لیتا۔

حالانکہ ان میں سے کوئی بھی عمل ولادیمیر پتن کو ایک سامراج مخالف انقلابی یا پھر کسی بھی طرح کا جمہوریت پسند نہیں بناتا ہے۔ حالانکہ اس حقیقت سے بھی انکار نہیں کیا جا سکتا ہے کہ وہ مجموعی طور پر فسطائی نظریات اور ہم جنس پرستی کے مخالف ہیں اور عیسائی قوم پرستی پر یقین رکھتے ہیں۔ ستم ظریفی یہ کہ ان کے پسندیدہ ماہر نظریات اسے نازی مخالف نظریہ یہ کہتے ہیں (جوان کے چہیتے ماہر نظریات الیکزنڈر ڈوگن اور الیکزنڈر پروخیسوف کے ذریعے پیش کیا گیا ہے)۔

ان کا یہ دعویٰ کہ یوکرین، کریمیا اور بیلاروس، روس کا اٹوٹ حصہ ہیں، کریمیا کے ایک عیسائی پادری کے گناہوں کی توبہ کی ہزاروں سال پرانی ایک داستان پر مبنی ہے جو بجا طور پر ایک مضحکہ خیز بات ہے۔ لیکن یہ پھر یہ سوال بھی کیا جا سکتا ہے کہ ان ہی حلقوں میں اس بات کو بھی مزاحیہ نہیں سمجھا جاتا ہے جب اسرائیل، فلسطین کے بارے میں دعویٰ کرتا ہے کہ یہ خدا کی طرف سے بنایا ہوا یہودیوں کا قدیم وطن ہے جس کو وہ جدید اصطلاح میں 'یہودی قومی ریاست' کہتے ہیں۔

یا جب ہندوستان میں آر ایس ایس جو ایک ہندو قوم پرست، عسکریت پسند ثقافتی گروہ ہے (اور پرائم منسٹر مودی جس کے ایک رکن ہیں) جب اکھنڈ بھارت کا مطالبہ کرتے ہیں، جو ایک طرح کی خیالی دنیا ہے، جس میں بیک وقت ماضی اور مستقبل دونوں شامل ہیں، یعنی ایک طرح سے مستقبل کا قدیم ہندوستان، جس میں پاکستان اور بنگلہ دیش کو زیر کر کے ملایا جائے گا، اور جہاں سب پر ہندو راج کریں گے۔

یورپ جہاں سردیوں کا موسم شروع ہو رہا ہے اور سب لوگ گرمی پہنچانے کے لیے درکار ایندھنوں کی قلت کے ساتھ سخت سردی کا مقابلہ کرنے کا انتظار کر رہے ہیں، وہاں یا تو ایندھن ختم ہو چکا ہے یا قلیل مقدار میں موجود ہے اور ختم ہونے کے دہانے پر ہے۔ کیوں کہ روس پر اقتصادی پابندیاں عائد کیے جانے کی وجہ سے، احتجاج کے بطور روس نے ان ممالک کو گیس کی سپلائی بند کیے جانے کا خطرہ لاحق ہو گیا ہے اور چونکہ اس وقت

یوکرین مردانہ وار روس کا مقابلہ کر رہا ہے اس لیے کسی مصالحت کی امید بھی کم ہے بلکہ خدشہ یہی ہے کہ یہ جنگ لمبی چلے گی۔

ابھی یوکرین نے تین لاکھ مزید فوج کی جزوی بھرتی کا اعلان بھی کیا ہے۔ اس سب کے معنی جو بھی ہوں لیکن بظاہر امریکہ تو خاصہ دور اور محفوظ ہے لیکن پورا یورپ اور روس، اور ایشیا کا بڑا حصہ، دنیا کی سب سے بڑی عالمی جنگ کا اکھاڑہ بن سکتا ہے۔ ایک ایسی جنگ جس میں کوئی فاتح نہیں ہوگا۔

کیا یہ سب کے لیے اپنے بڑھتے ہوئے قدموں کو روکنے کا وقت نہیں ہے؟ کیا یہ ایٹمی اسلحہ کی مکمل تخفیف پر سنجیدگی سے بات چیت شروع کرنے کا وقت نہیں ہے؟ خدا نہ کرے کہ روس بھی امریکہ کی منطق پر عمل کرتے ہوئے کبھی ایٹمی ہتھیاروں کے استعمال کرنے کا ارادہ کر لے۔

اپنے ایک آرٹیکل بعنوان 'اگر ایٹم بم نہ استعمال کیا گیا ہوتا' میں، جو 1946 میں شائع ہوا تھا، کا وِل کومپٹن (جو فزکس کے عالم اور ایم آئی ٹی کے سابق صدر رہے تھے) کہا تھا کہ ہیروشیما اور ناگاساکی پر بم گرا کر لاکھوں کروڑوں امریکی اور جاپانی جانوں کو بچا لیا گیا تھا، کیوں کہ اگر ایٹم بم کا استعمال نہ کیا گیا ہوتا تو جنگ کئی مہینوں تک اور چلتی رہتی اور ان کی منطق کے مطابق، جاپان جو ہار چکا تھا پھر بھی ہتھیار نہ ڈالتا اور اگر ایٹم بم ہیروشیما اور ناگاساکی پر نہ گرایا گیا ہوتا (جس میں ہزاروں لوگ مارے گئے تھے) تو جاپان اپنے آخری سپاہی تک لڑتا رہتا۔ کومپٹن خود سے سوال بھی کرتے ہیں، ''کیا ایٹم بم کا استعمال ایک وحشیانہ اور غیر انسانی فعل تھا؟'' پھر خود ہی جواب بھی دیتے ہیں، سب ہی جنگیں وحشیانہ اور غیر انسانی ہوتی ہیں۔ ان کا یہ آرٹیکل 'دی اٹلانٹک' میں شائع ہوا تھا۔ پریسیڈنٹ ٹرومین نے ان کی اس منطق کی توثیق کی تھی۔

برسوں بعد، جنرل ولیٹ مورلینڈ نے ویت نام جنگ کے دوران اس منطق کو اور زیادہ نکھارا تھا۔ ان کا خیال تھا کہ مشرقی تہذیب میں انسانی زندگی کی وہ قدر و قیمت نہیں ہے جو مغربی تہذیب میں ہے، یہاں زندگی سستی اور کثیر التعداد ہے۔ دوسرے الفاظ میں ہم ایشیا کے رہنے والے اپنی زندگی کی قدر و قیمت نہیں جانتے ہیں، اسی لیے ہم نے ان سفید فام افراد کو اپنی نسل کشی کرنے کے لیے مجبور کر رکھا ہے۔

دوسرے جناب رابرٹ میک نمارا صاحب ہیں جن کا ایک نہایت ہی شاندار ریکارڈ موجود ہے۔ اوّل ٹوکیو میں کی گئی بمباری کی منصوبہ سازی کا جس میں دو مختلف حملوں میں تقریباً دو لاکھ سے زیادہ لوگ مارے گئے تھے۔ پھر وہ فورڈ موٹر کے صدر بھی رہے اور اسی کے بعد ویت نام کی جنگ کے دوران امریکہ کے ڈیفنس سکریٹری بھی رہے، جس کے دوران امریکی افواج کو حکم دیا گیا تھا کہ ہر اس چیز کو موت کے گھاٹ اتار دو جو بھی چلتی ہوئی نظر آئے، جس کے نتیجہ میں تین ملین ویت نامی موت کے گھاٹ اتار دیے گئے تھے۔

میک نمارا کو آخر میں دنیا کی غربت کی دیکھ ریکھ کرنے کے لیے ورلڈ بینک کا صدر بنا دیا گیا تھا۔ ایرول موریس کی ڈاکیومنٹری فلم 'دی فوگ آف وار' میں میک نمارا نے اپنی زندگی کے آخری دور میں ایک



فکری مزاحمت کے پہلو

اذیت ناک یہ سوال دریافت کیا تھا کہ، ''ہمیں اچھا کام کرنے کے لیے کتنا کچھ برا کرنا پڑتا ہے؟''

ظاہر ہے آپ یہ سمجھ گئے ہوں گے کہ مجھ کو اس طرح کے نوادرات جمع کرنے کا شوق ہے۔ ہمیں یہ بھی نہیں بھولنا چاہیے کہ پریسیڈینٹ اوباما کے پاس بھی قتل کی ایک فہرست تھی اور وہ میڈلائن البرٹ جن کے بارے میں ابھی حال میں پریسیڈینٹ جوئے بائیڈن نے کہا تھا کہ وہ نیکی، شائستگی اور آزادی کے روح رواں ہیں۔ ان سے جب عراق میں امریکہ کی عائد پابندیوں کی وجہ سے مرنے والے لاکھوں عراقی بچوں کے بارے میں سوال پوچھا گیا تھا تو کہا جاتا ہے کہ انھوں نے کہا تھا کہ، ''یہ بہت ہی مشکل فیصلہ تھا لیکن اس کی جو قیمت چکائی گئی وہ ہمارے خیال سے ایک واجب قیمت تھی۔''

ہم کس طرف جا رہے ہیں؟ ہم میں سے وہ لوگ بھی جو پوری طرح سے روسی حملے کے خلاف یوکرین کے عوام کے ساتھ کھڑے ہیں۔ یوکرین جنگ کے مغربی میڈیا کے کوریج کے لہجے اور انداز کو دیکھ کر حیران تو ضرور ہوں گے کہ کس طرح انھوں نے بغیر سانس لیے تعریفوں کے پل باندھتے ہوئے عراق اور افغانستان پر امریکہ اور نائٹو کے حملوں کی خبروں کو نشر کیا تھا جن میں ہزاروں لاکھوں افراد ہلاک ہو گئے تھے۔

ابھی جنوری میں ان ٹونی بلیئر کو جو عراق کے بارے میں جھوٹی خبریں پھیلانے کے کاروبار کے سب سے بڑے کاروباری کہے جا سکتے ہیں اور جنھوں نے عراق میں بڑے پیمانے پر تباہی پھیلانے والے ان ہتھیاروں کی موجودگی کی خبر پھیلائی تھی جن کا وہاں کوئی وجود ہی نہیں تھا اور جنھیں عراق پر حملہ کے جواز کے بطور استعمال کیا گیا تھا اور پریسیڈینٹ جارج بش جونیئر کے اس حملے میں سب سے پرجوش ساتھی (یعنی ٹونی بلیئر) کے لیے برٹش راج کا بہادری کا سب سے اعلیٰ خطاب 'نائٹ کمپینیئن' کا اعلان کیا گیا تھا۔

اس دن میں جب کوئین کے جنازے کے جلوس کو دیکھ رہی تھی، اور اس وقت میں جو بھی پی رہی تھی اس کا پھندا پڑتے پڑتے بچا تھا جب میں نے سنا کہ ایک بشپ یا آرچ بشپ کہہ رہے تھے کہ ''کوئین الزابیتھ (دوئم) ان لوگوں کی طرح نہیں تھیں جو صرف طاقت اور دولت سے چمٹے رہتے ہیں بلکہ وہ خلوص اور محبت کے ساتھ کی گئی اپنی عوامی خدمات کے لیے یاد کی جاتی رہیں گی۔''

اب ان کے صاحبزادے انگلینڈ کے نئے بادشاہ، اور ان کے وارث کے بطور ملک اور مال کے مالک ہوں گے۔ اب ان کی عیش و آرام کی زندگی ان کی اپنی دولت سے نہیں گزرے گی جو تقریباً ایک ارب پونڈ کی بتلائی جاتی ہے، بلکہ اب ان کی یہ عیش و آرام کی زندگی برطانوی عوام کے پیسے سے گزرے گی، اس عوام کے پیسے سے جنھوں نے، گارڈین کی ایک رپورٹ کے مطابق، ایک وقت کا کھانا اس لیے ناغہ کرنا شروع کر دیا ہے تاکہ زندگی کا ڈھرّا چلتا رہے۔

شاید ہمارے جیسے غیر برطانوی افراد کے لیے برطانیہ کے عوام کا اپنے شاہی خاندان کے لیے اس اسرار محبت اور خلوص کو سمجھنا کافی مشکل ہے۔ شاید اس کا تعلق اس قومی شناخت اور فخر کے ساتھ منسلک ہے جس پر فکری مزاحمت کے پہلو

73

معاشی ٗواہیاتوں، کا کبھی کوئی اثر نہیں ہوتا ہے۔ لیکن اب میں آپ سے ان ہی ٗواہیات، باتوں کا تھوڑا اساذ کرنے کی اجازت چاہوں گی۔

'فنانشیل ٹائمز' کے مطابق امریکہ اور برطانیہ، دونوں ملکوں میں، آمدنی کی تفریق شدید ہے کہ ان کے سماج کے بارے میں با آسانی کہا جا سکتا ہے کہ یہ 'چند امیر افراد کا ایک غریب سماج ہے۔' یہ سب لوگ بھی اب، ہم تیسری دنیا کے لوگوں کی طرح کے ہیں، یعنی ایک ایسی ڈھونگی جمہورت کی ماند جس کے چند امیر افراد خلاؤں میں کمندیں ڈالنے میں کامیاب ہو رہے ہیں، وہیں غریب عوام غربت کی اتھاہ گہرائیوں میں ڈوبتے چلے جا رہے ہیں۔

آکسفیم کے 2022 کے ایک مطالعے کے مطابق ہندوستان کے صرف 98 امیر ترین افراد کی مجموعی دولت ہندوستان کے 552 ملین غریب افراد کی مشترکہ دولت کے برابر ہے۔ اس بے ادبی کے لیے ہندوستان میں آکسفیم کے آفس پر چھاپہ پڑا تھا اور غالباً جلد ہی اسے بھی انسانی حقوق کی تنظیم ایمنسٹی انٹرنیشنل ور دوسری ان تنظیموں کی طرح جو مودی گورنمنٹ کی تنقید کرتی ہیں، بند کر دیا جائے گا۔

کنگ چارلس دوئم، گو کہ بہت دولت مند ہیں، لیکن غالباً گوتم اڈانی کے مقابلے میں ایک مفلس اور فقیر نظر آئیں گے، جو دنیا کے تیسرے سب سے بڑے امیر آدمی ہیں۔ وہ گجراتی ساہوکاروں کے سپہ سالار ہیں اور نریندر مودی کے چہیتے ہیں۔ ایک اندازے کے مطابق اس وقت تقریباً 137 بلین ڈالر کے مالک ہیں۔ ان کی یہ دولت کووِڈ کی وبا کے دوران بہت تیزی سے بڑھی تھی۔

سال 2014 میں جب مودی پہلی بار ہندوستان کے پرائم منسٹر منتخب ہوئے تھے اس وقت وہ گجرات میں اپنے آبائی شہر احمد آباد سے دہلی اڈانی کے ذاتی جیٹ میں آئے تھے جس پر (اڈانی کا منقش نام اور نشان خوب چمک رہا تھا)، ابھی حال میں اڈانی این ڈی ٹی وی نیوز چینل پر غاصبانہ قبضہ کرنے میں مصروف نظر آ رہے ہیں جو واحد ایسا چینل تھا جو ابھی نہایت عمدگی اور انہماک کے ساتھ مودی حکومت پر تنقید و تبصرہ کرنے کی ہمت کرتا ہے۔ کیوں کہ اس کے علاوہ بیشتر میڈیا یا تو بک چکا ہے یا پھر صرف پیسہ بنانے میں مصروف ہے۔

وہ سب بڑی ساہوکار کمپنیاں جو پہاڑوں کو دھماکوں سے تباہ کر رہی ہیں، جنگلوں کو کاٹ رہی ہیں، کورل ریف کی چٹانوں کے رنگوں کو اڑا رہی ہیں، اب وہی کمپنیاں تفریحی پروگراموں جیسے فلموں، کھیلوں کے مقابلوں اور ادبی جشن اور کانفرنس وغیرہ کے انعقاد کے لیے بھی پیسہ دیتی ہیں۔ وہ باہمت ادیبوں اور فنکاروں کو وہ پلیٹ فارم مہیا کرواتی ہیں، جہاں وہ بولنے کی آزادی نہ ہونے کے خلاف بول سکیں، جہاں وہ امن، انصاف اور انسانی حقوق کے سلسلے کے اپنے عزائم کو دہرا سکیں، یعنی وہ سب کہہ سکیں جو عموماً نہیں کہا جا سکتا ہے۔ بس کھیل ختم، پیسہ ہضم۔

دراصل سرمایہ داری اپنا آخری کھیل کھیل رہی ہے۔ لیکن افسوس یہ ہے کہ ہماری اس دنیا کو بھی اپنے ساتھ لیے جا رہی ہے۔ جوہری عقاب اور کان کنی کی کمپنیاں دونوں نیچے کی سطح پر پہنچنے کی دوڑ میں مصروف ہیں۔


فکری مزاحمت کے پہلو

آیئے صرف دل بہلانے اور ہلکی پھلکی تفریح کی خاطر، ہم سب مل کر ان باتوں پر لڑائی جھگڑا کرنے کا کھیل کھیلیں کہ کس کا خدا عبادت کے لیے سب سے بہتر ہے یا کون سا جھنڈا ہمیں لہرانا چاہیے یا کون سا گانا ہمیں گانا چاہیے وغیرہ۔ اگر میں نے واقعی آپ کو اداس اور ناامید کر دیا ہے تو میں آپ کو اپنا ایک ایمیل پڑھ کر سنانے کی اجازت چاہوں گی جو میں نے اپنے سامعین میں سے ایک کے جواب میں لکھا تھا جنھوں نے نہایت متانت کے ساتھ مجھ پر تنقید کرتے ہوئے تحریر کیا تھا کہ میں گوری لنکیش کی یاد میں تقریر کرتے ہوئے بہت پرامید نظر آ رہی تھی:

’’اگر ہم پُرامید بھی نہ ہوں تو کیا کریں۔ کیا پھر ہم ہاتھ پر ہاتھ رکھ کر بیٹھ جائیں؟ دنیا میں لاکھوں ایسی چیزیں ہیں جو ہمیں مایوس کرتی ہیں اور قنوطی بناتی ہیں۔ اسی لیے میں کہتی ہوں کہ امید کے لیے کسی وجہ کا ہونا ضروری نہیں ہے۔ اس کو تو ایک خودرو پودے کی طرح بالکل آزاد اور خودسر اور غیر معقولیت کی حد تک بے وجہ ہونا چاہیے۔‘‘

اس لیے ہر لائن جو میں لکھتی ہوں، ہر لفظ جو میں بولتی ہوں، اس میں، میں، میں یہی کہتی ہوں کہ ابھی ہم مرے نہیں ہیں، نہ ہی پوری طرح سے مغلوب ہوئے ہیں۔

دنیا میں چاروں طرف سے مصیبتوں میں گھرے لاکھوں افراد کے لیے اس طرح کی ’امید اور نا امیدی‘ کی بحثیں، ایک طرح کے عیش و عشرت کے مترادف ٹھہرائی جائیں گی، یہاں تک کہ لندن جیسے دولت اور ثروت کے شہر تک میں، باہر سے آنے والا ہر شخص، ایک طرح کے تناؤ اور اس بے چینی کو محسوس کر سکتا ہے، جو کسی ٹرین کے پلیٹ فارم کے قریب آنے سے پہلے پیروں کے نیچے محسوس ہونے لگتی ہے۔

لیکن ایٹمی جنگ میں ان سب باتوں سے کوئی فرق نہیں پڑے گا۔ وہ تو ہم کو یکسر ختم کر دے گی۔ اسی لیے یہ وقت دونوں فریقوں کو اپنے قدم پیچھے ہٹانے کا ہے اور باقی دنیا کے لوگوں کو سامنے آنے کا ہے۔ یاد رکھیے عالمی جنگوں کے ضابطے میں دوسرے موقع کے لیے کوئی شق موجود نہیں ہے۔

[بشکریہ دی وائر، 6 مارچ 2023]

# ہجومی تشدد : پس منظر اور تاریخ

## ابن مالک ایوبی

آج کا دن (2 جون) سیکولر بھارت کے ماتھے پر کلنک اور دامن ہند پر ایک بدنما داغ ہے، اسی دن سرزمین ہند پر زعفرانی دہشت گردوں کی جانب سے منصوبہ بند طریقے پر 'ہجومی تشدد' کا آغاز ہوا، یہ دن جس طرح مسلمانوں کے لیے ایک المناک یادگار ہے اسی طرح ہندی سیاست و تہذیب کی پلٹتی بساط کا مقدمہ بھی۔ ہندوستان میں ہجومی تشدد (mob lynching) کو تنظیمی سطح سے انجام دینے کی تاریخ زیادہ پرانی نہیں ہے، کیونکہ اس کا باقاعدہ آغاز 2014 میں ہوا ہے، لیکن اس مختصر سے عرصے میں اس غیر انسانی اور بہیمانہ کارروائی نے جو عروج اور پذیرائی ہندوستان میں حاصل کی ہے، اس کی مثال پوری دنیا میں نہیں ملتی۔

اگر ہم عالمی تناظر میں اس کی تاریخ کا جائزہ لیں، تو اس کی تاریخ صدیوں پرانی ہے، بلکہ اس کا اصل طرز و رواج اسی دور کا حصہ ہے، جسے پتھر کا دور کہا جاتا ہے کیوں کہ ابتدائے آفرینش سے یہی اصول چلا آ رہا تھا کہ جس کی لاٹھی اس کی بھینس، ہجوم کے مقابلے منفرد کی یہی حیثیت تھی کہ ہجوم اس تنہا کے ساتھ جو چاہے کرے، لیکن اس عموم کے باوجود اسے 'جدید' شکل نہ مل سکی تھی اور یہ بہیمانہ عمل مہذب لوگوں کے ساتھ مل کر 'تہذیب یافتہ' نہ ہوا تھا۔

اس کی مہذب شکل کو دیکھنے کے لیے ہمیں عصر تنویر اور عہد جدید کے بعد کی تاریخ دیکھنی ہوگی، اور جب ہم تاریخ کا یہ ورق پلٹتے ہیں تو ہمیں شدید حیرانگی کے ساتھ کہنا پڑتا ہے کہ جس طرح بہت سی دوسری برائیاں انگریزی غلبہ و استعمار کا نتیجہ ہیں، اس ہجومی تشدد کا خمیر بھی اسی مہذب و تعلیم یافتہ سرزمین سے اٹھا ہے۔

اس اجمال کی تفصیل سے قبل ہمیں جمہوری سیاست دانوں کے متعلق یہ ذہن نشین ہونا چاہیے کہ ان لیڈران نے اپنے اقتدار کی حفاظت و بقا کی خاطر ہر طرح کے ہتھکنڈے اپنائے، جو کچھ ان سے بن پڑا وہ کیا، حتیٰ کہ خود اپنے اہل خانہ اور برادران کے قتل سے بھی دریغ نہ کیا۔

اسی ذیل میں ایک پرانا اور مجرب طریقہ یہ بھی رہا ہے کہ جہاں دو مختلف طبقات رہتے ہیں وہاں

اکثریت کو یہ یقین دلا دیا جائے، کہ انھیں یا ان سے متعلق کسی اہم شے کو اقلیت سے خطرہ ہے۔

چنانچہ اس ہجومی تشدد کی طرح ڈالنے میں بھی اس پروپیگنڈا یا ذہن سازی کا بہت بڑا ہاتھ ہے؛ بات اس وقت کی ہے جب امریکہ میں اٹھارویں صدی کی تکمیل کے بعد وہاں کی سیاہ فام آبادی کو کوئی احساس ہونے لگا کہ وہ بھی انسان ہیں، ان کے بھی کچھ حقوق ہیں جس کے نتیجے میں انھوں نے مختلف ذرائع سے اپنے حقوق کا مطالبہ شروع کر دیا۔ ابتدا میں انگریز حکومت (جو کہ طاقتور اور مغرور تھی) کے کانوں پر جوں تک نہ رینگی اور وہ اپنی دنیا میں مست رہی، لیکن سیاہ فاموں کی صدائیں روز بروز بڑھتی اور بلند ہوتی گئیں اور پہلے کی نسبت انھوں نے پرزور طریقے پر اپنے حقوق کا مطالبہ شروع کر دیا۔ اس صورتحال کو دیکھتے ہوئے حکومتی سرپرستی میں ایک پروپیگنڈا شروع کیا گیا کہ ''بلیکس کی طاقت بڑھنے لگی ہے، انھوں نے پورے امریکہ پر غلبے کا خواب دیکھنا شروع کر دیا ہے،'' ان افواہوں کے ساتھ حکومت نے سیاہ فاموں کے خلاف بنائے گئے بعض قوانین بھی منسوخ کر دیے، تا کہ محسوس ہو کہ سرکار بھی ان کے عزائم سے مرعوب ہے۔

اس دو طرفہ عمل کا خاطر خواہ نتیجہ سامنے آیا، چنانچہ یہ حالات 1850 کے قریبی برسوں کے ہیں، اس کے بعد فقط دس برسوں میں امریکی سفید فام عوام کو یہ یقین ہو گیا کہ وہ، ان کی تہذیب، ان کی حکومت اور سب سے بڑھ کر ان کا ملک خطرے میں ہے، (جو در حقیقت ان کا نہیں تھا) اور اسی خطرے کے خوف میں بعض متشدد دین سفید فاموں نے 1865 میں Ku Klux Klan یا KKK کے نام سے ایک دہشت گرد تنظیم قائم کی، جس پہ ظاہری عنوان سوشل ورکنگ کا تھا، لیکن کہ اس تنظیم کا بنیادی مقصد امریکہ کو وائٹ راشٹرا اور کلر ڈمکت امریکہ بنانا تھا، جہاں صرف سفید فام رہ سکتے، سیاہ فاموں کی اس ملک میں کوئی جگہ نہ ہوتی۔

تنظیم بنانے کے بعد، ابتدا میں یہ سیاہ فاموں پر نگاہ رکھتے، ان کے معاملات میں دخل اندازی کرتے اور ان کے کاغذات وغیرہ چیک کرتے، لیکن کچھ عرصے میں ان کی ہمت مزید بڑھ گئی، جس سے یہ اکثر و بیشتر سیاہ فاموں کے خلاف ریلیاں نکالتے، انھیں راہ چلتے پریشان کرتے، گالی گلوچ اور بدتمیزی کرتے۔

رفتہ رفتہ وہ وقت آ گیا، جب انھوں نے سیاہ فاموں کے خلاف کھل کر محاذ سنبھال لیا، اور امریکہ میں اس عہد کا آغاز ہو گیا، جس عہد میں کسی بھی ملک کو لنچنگ اسٹیٹ یا لنچستان کہنا زیادہ مناسب ہوتا ہے، چنانچہ ان کا طریقہ کار یہ تھا کہ کسی سیاہ فام کو تنہا پا کر کوئی نسل پرستانہ نعرہ یا کوئی جھوٹا الزام بلیک پر لگاتے اور ساتھ ہی اس پر حملہ کر دیتے، ان کے نعرے اور جملے سے عوام بھی مشتعل ہو جاتی اور ان کے بہیمانہ عمل میں شریک ہو جاتی اور لمحوں میں اس بے قصور کو بے جان کر دیتی۔

1865 سے 1880 تک اس تنظیم نے اس قدر عروج پا لیا کہ امریکہ جیسا سیکولرزم کا علم بردار ملک لنچستان بن گیا، حالات اس قدر خراب ہوتے ہوتے گئے کہ 1882 میں امریکی عدلیہ کو اس پر پابندی لگانی پڑی، جس سے اس کا زور مدھم ہوا، لیکن طاغوت کے خاکستر میں نسل پرستی (racism) کی چنگاری ابھی زندہ تھی، چنانچہ چند برسوں کی خاموشی

کے بعد بیسویں صدی کے اوائل میں یہ گروہ دوبارہ منظر پر آیا، اور پہلے سے زیادہ شدت اور تیاری کے ساتھ آیا، 1915 سے 1920 کے دوران اس کا نشہ اس قدر بالا ہوا کہ امریکا بھر میں اس کے ممبران کی تعداد 4 ملین سے زائد ہو گئی اور اب یہ اِکّے دُکّے بندے پھڑ کانے کے بجائے، پوری جماعت کو خاک و خون میں لت پت کر دیتے تھے اور ان کی ہمہ گیری نے 60-1950 کے درمیان ملک کو نسل پرستانہ فسادات اور ملک گیر تشدد کی آگ میں جھونک دیا۔

اس صورتحال کے بعد امریکی لیڈران کو خطرے کا احساس ہوا، امریکی عوام کے دماغ سے دیش بھکتی اور نسل پرستی کا بھوت اترا، اور چوطرفہ مخالفت کے بعد اس تنظیم کو تحلیل کر دیا گیا، کچھ متشدد ممبران پر کارروائیاں ہوئیں، کچھ گرفتار ہوئے، جس کے بعد اس کے جڑیں کمزور ہو گئی اور آخر کار 1990 کے قریب یہ تنظیم ایک طرح سے تاریخ کا حصہ بن گئی۔

لیکن بہر حال، عہد جدید میں ہجومی تشدد کو فروغ دینے، اس کے لیے طریقۂ کار مہیا کرنے، اسے منتشر طرز کے بجائے اجتماع و تنظیم کے ساتھ مہذب و ترقی یافتہ شکل میں پیش کرنے میں اس تنظیم کا جو کردار ہے، وہ اسے اِس نئے دور میں ہجومی تشدد کا موجد کہلانے کے لیے کافی ہے۔

اس کے اسی کردار کا نتیجہ تھا کہ اس تنظیم کے منظر پر آنے کے بعد مختلف ممالک میں اس قسم کی تنظیمیں بننی شروع ہوئیں اور انھوں نے مخالف طبقات کے مقابلے انھیں خطوط پر کام کیا، جو اس تنظیم کے نقوش قدم کا ثمرہ تھے، چنانچہ جرمنی میں 1930 کے بعد ہٹلر کے دور حکومت میں کئی ایسی تنظیمیں رونما ہوئیں، جو امریکہ کی KKK کے خد و خال کو لائحہ عمل مقرر کر کے یہودیوں کو تختۂ مشق بناتی رہیں، اسی طرح سری لنکا کی ایک بدنام زمانہ تنظیم نے 1983 کے بعد KKK کی جی کھول کر پیروی کی، اور تمل (tamilians) کے خلاف اپنی طاقت کا بھر پور استعمال کیا، اس کے علاوہ 1994 میں روانڈا (Rwanda) میں اس تنظیم کے خطوط ابھارے گئے اور نفسانی خاکوں میں انسانی خون سے رنگ آمیزی کی گئی۔

اور پھر ہجومی تشدد کے اس عفریت نے ہندوستان کا رخ کیا، 2014 میں کچھ لوگوں کی من چاہی حکومت بنتے ہی اُن خاکوں میں رنگ بھر آیا، جو KKK کی عملی رہنمائی میں تیار کیے گئے تھے، لیکن ہنوز تشنۂ تکمیل تھے، یہاں بھی اجزائے ترکیبی وہی استعمال ہوئے، جو سوا صدی قبل امریکا میں استعمال ہوئے تھے، لیکن یہاں مذہبی اختلاف نے نسل پرستانہ نشے کو سہ آتشہ کر دیا، فسطائی حکومت اور زعفرانی گروہوں اور دلوں نے ملک کی اکثریت کو خطرے کا احساس دلا یا، اور انھیں باور کرایا کہ ملک کی نیم خواندہ، کمزور، نہتی اور بے عمل اقلیت سے انھیں، ان کی تہذیب اور ان کی گئو ماتا کو خطرہ ہے، اور نتیجتاً کچھ سوشل ورکر گئو رکشک اور رام سیوک بن کر سامنے آئے، اور ملک کو یکے بعد دیگرے ہونے والے ہجومی تشدد کی آگ میں جھونک دیا، اپنے سپریم لیڈر کے لیے ہر قسم کا چین و سکون اور امن و امان قربان کر دیا، اور اپنے یہی دلانہ جنون میں اس بزدلانہ عمل کے موجدین سے آگے بڑھ گئے۔

[بشکریہ 'الافکار'، 3 جون 2021]

# ہجوم کی نفسیات

## ڈاکٹر مبارک علی

تاریخ کے ارتقا میں جب معاشرہ سیاسی، سماجی اور معاشی طور پر بدلتا ہے تو اس کے ساتھ ہی لوگوں کی نفسیات بھی بدل جاتی ہے۔ ہجوم کی سیاست بھی اسی طرح سے حالات کے تحت بدلتی رہی ہے۔ Gustave Le Bo نے اپنی کتاب 'Psychology of Crowd' میں ہجوم کی نفسیات کا جائزہ لیا ہے۔ یہ ضروری نہیں کہ ہجوم کسی منصوبے کے تحت جمع ہو، بلکہ یہ اچانک جمع ہو جاتا ہے اور مجمع کی شکل اختیار کر لیتا ہے اور اس میں موجود ہر شخص اپنی انفرادیت کھو کر مجمع کا حصہ بن جاتا ہے۔ چاہے وہ امیر ہو یا غریب، سب یکساں ہو جاتے ہیں اور اسی عمل سے ہجوم کی طاقت بنتی ہے۔ ہجوم کا اپنا کوئی پروگرام یا منصوبہ نہیں ہوتا ہے۔ ان کی طاقت کا انحصار ان کے جذبات اور احساسات پر ہوتا ہے۔ مجمع میں ہی سے جب کوئی ایک شخص راہنما کے فرائض سرانجام دیتا ہے تو وہ جوش و خروش پیدا کرنے کے لیے نعروں اور الفاظ کا سہارا لیتا ہے، لہٰذا ہجوم تقلید کرتا ہے اور اس کی جانب سے کوئی تبدیلی کا پروگرام نہیں ہوتا۔ جب ہجوم منتشر ہوتا ہے تو فرد دوبارہ سے اپنی روزمرہ کی زندگی اختیار کر لیتا ہے اور قانون کا پابند ہو جاتا ہے۔

ہنگامے کے وقت ہجوم کے احساسات ختم ہو جاتے ہیں۔ مثلاً جب 14 جولائی 1789ء کو پیرس میں بستی Bestille کے قلعے پر لوگوں نے حملہ کیا تو ہجوم کی جانب سے مطالبہ ہونے لگا کہ قلعے کے گورنر کا سر کاٹا جائے، کیونکہ کوئی ایسا اسلحہ نہیں تھا اس لیے قلعے کے باورچی نے چھری نکال کر اس کے سر کو کاٹا۔ جب اس کا سر کاٹا جا رہا تھا تو ہجوم خوشی سے نعرے لگا رہا تھا اور باورچی کو ہیرو بنا دیا تھا۔

اس کی دوسری مثال پیرس ہی میں 1572ء میں St. Bathelomew's Day Massacre ہے جب کیتھولک مسیحیوں کی طرف سے اقلیتی پروٹسٹنٹ مسیحیوں کا قتل عام کیا گیا۔ مؤرخین کے بیان کے مطابق لاشیں بکھری پڑی تھی اور کیتھولک ہجوم ان کے درمیان رقص میں مصروف تھا۔ اسی طرح سے


فکری مزاحمت کے پہلو

فرانسیسی انقلاب کے دوران جب کہ گلوٹن سے لوگوں کی گردنیں کٹ رہی تھیں، ہجوم کو اس کی پرواہ نہ تھی کہ کسی مجرم کو قتل کیا جا رہا ہے یا کسی معصوم کو، لہٰذا خونریزی، قتل و غارت گری ہجوم کی نفسیات بن جاتی ہے۔ یہی وہ جذبات ہوتے ہیں جب ہجوم لوٹ مار کرتا ہے، تباہی اور بربادی پھیلاتا ہے اور اسے اپنے اس عمل پر کوئی شرمندگی نہیں ہوتی۔

برصغیر کی تقسیم کے وقت دونوں جانب سے ہجوم نے اپنے مخالفین کو قتل کیا، لیکن وقت گزرنے کے بعد جب حالات پرامن ہوئے تو اس وقت انھیں یہ احساس ہوا کہ انھوں نے اپنے ہمسایوں اور دوستوں کے ساتھ کیا تھا۔ Gustave Le Bon کے مطابق کیونکہ ہجوم کی کوئی فکر نہیں ہوتی ہے اور کوئی ضابطہ نہیں ہوتا ہے، اس لیے وہ اس قابل نہیں ہوتا کہ سوسائٹی کو بدل سکے۔ وہ وقتی انتشار پیدا کرتا ہے اور پھر بکھر جاتا ہے۔

ہجوم کی ایک کمزوری یہ بھی ہوتی ہے کہ وہ بدلتے ہوئے حالات کے تحت اپنی رائے بھی بدلتا رہتا ہے۔ اس کی مثال ہم فرانسیسی انقلاب میں دیکھتے ہیں کہ ہجوم کس طرح اپنی رائے کو بار بار بدلتا رہتا ہے، چونکہ ہجوم کی نفسیات اس کے جذبات پر منحصر ہوتی ہے۔ اسی لیے یہ سیاسی شعور اور سیاسی مسائل کی گہرائی سے ناواقف ہوتا ہے۔ یہی وجہ ہے کہ سیاسی اور مذہبی جماعتیں ہجوم کو اپنے مفادات کے لیے استعمال کرتی ہیں۔

ہجوم کو دو طرح سے استعمال کیا جاتا ہے۔ قدامت پرست جماعتیں ہجوم کی طاقت کو استعمال کرتے ہوئے ریاست سے مراعات تسلیم کراتی ہیں۔ ہجوم کو وہ ریاست کے لیے ایک خطرہ بنا کر اسے خوفزدہ رکھتی ہیں۔ دوسری جانب انقلابی تحریکیں ہوتی ہیں جو ہجوم کی رہنمائی کرتے ہوئے ان میں تبدیلی کے احساس کو پیدا کرتی ہیں۔ ایک ایسی تبدیلی جو ان کی بنیادی ضرورتوں کو پورا کرے۔ 1922ء میں جب غیر منقسم بھارت کے موجودہ صوبہ اتر پردیش کے علاقے چاؤری چاؤرا میں پولیس اور ہجوم کے درمیان تصادم ہوا تو ہجوم نے غصے میں آ کر تھانے اور سپاہیوں کو زندہ جلا دیا۔ اس پر گاندھی جی نے 'Non Cooperation کی تحریک کو ختم کر دیا، کیونکہ وہ نہیں چاہتے تھے کہ ہجوم دہشت گردی کو استعمال کرے۔

ہجوم کی طاقت کو اسی وقت استعمال کیا جا سکتا ہے جب اس کے رہنما یہ یقین دلائیں کہ تبدیلی ان کی زندگی میں خوشی اور مسرت کو پیدا کرے گی۔ اس کا مطلب یہ ہوا کہ ہجوم طاقتور تو ہے مگر اپنی طاقت کو استعمال کرنا نہیں جانتا ہے۔ یہ سیاسی اور مذہبی طاقتیں ہیں جو اس کی طاقت کو استعمال کرتی ہیں۔

Elias Canniti نے اپنی کتاب Crowd Power میں جس پر اس نے 20 سال تک تحقیق کی تھی، ہجوم کی نفسیات اور اثرات کے مختلف پہلوؤں کا جائزہ لیتے ہوئے اس بات کی جانب اشارہ کیا ہے کہ ہجوم ایک جانب تو قائم شدہ روایات، عقائد اور رسم و رواج کو مستحکم کرتا ہے، جیسے مذہبی اجتماعات اور تہواروں میں مجمع با ادب اور خاموش ہوتا ہے، لیکن جب اچانک یہ اعلان ہوتا ہے کہ تبرکات تقسیم ہونے والے ہیں تو اس اعلان کے ساتھ ہی مجمع کا ڈسپلن اور ادب و آداب ختم ہو جاتے ہیں اور تبرکات لینے کے لیے مجمع میں بھگدڑ مچ جاتی ہے، اور کئی


فکری مزاحمت کے پہلو

مرتبہ ہجوم ایک دوسرے کو کچلتا ہوا تبرکات کے لیے دوڑتا ہے۔اس سے اندازہ ہوتا ہے کہ ہجوم کے اندر کوئی نظم و ضبط نہیں ہوتا ہے اور خوف ریزی بھی ان کے احساسات کو بیدار نہیں کر پاتی ہے۔

دوسری جانب Canniti کا یہ بھی کہنا ہے کہ جب ہجوم کو باصلاحیت رہنما مل جاتے ہیں تو وہ ان کی تقاریر اور ان کے دلائل سے متاثر ہو کر معاشرے میں قدامت پسندی اور فرسودہ روایات کا خاتمہ کرتے ہیں ورنہ یہ روایات اس قدر مضبوط ہوتی ہیں کہ انھیں اصلاحات کے ذریعے تبدیل نہیں کیا جا سکتا۔ ہجوم انقلاب کے ذریعے پرانے نظام کو توڑ کر نئے نظام کی بنیاد ڈالتا ہے۔اس کی مثال 1917ء کا روسی انقلاب ہے۔لہذا ہجوم کے منفی اور مثبت دونوں اثرات ہوتے ہیں ۔اگر اسے انتہا پسند قوتیں استعمال کریں تو معاشرہ تنگ نظری کی طرف چلا جاتا ہے اور اگر روشن خیال قوتیں اس کے ذریعے نئے خیالات و افکار پیدا کریں تو معاشرے کو ترقی کے راستے مل جاتے ہیں ۔

[بشکریہ ڈان، 20 جون، 2022]

# ہم کو ڈکٹیٹر مانگتا!

## سبھاش گاتاڈے

ترجمہ: محمد اشرف یاسین

لوگ اکثر بات چیت میں یہ کہتے ہوئے پائے جاتے ہیں کہ اس ملک میں فوجی حکومت قائم ہو جانا چاہیے۔ یہ کہتے ہوئے وہ بھول جاتے ہیں کہ یہ سب کچھ ان کے پڑوسی ممالک میں ہوتا رہا ہے اور اس نے جہاں ان ممالک کو پیچھے دھکیل دیا، وہیں اس نے بعض اوقات لوگوں کی زندگیوں کو بھی خطرے میں ڈال دیا۔ وہ ملک جو اپنی تاریخ کی سب سے عظیم اور بڑی جدوجہد عدم تشدد، جمہوریت اور سیکولرازم جیسے عظیم انسانی حقوق کی بنیاد پر قائم ہو، وہاں ہٹلر کی بڑھتی ہوئی مقبولیت تشویشناک ہے، کیوں ہم نے ہٹلر کو پسند کرنا شروع کر دیا ہے؟ کیوں ہم کسی ڈکٹیٹر کا انتظار کر رہے ہیں؟ جب کہ یہ ہندوستان اور بنی نوع انسان کے لیے کسی آفت سے کم نہیں۔

مشہور مصنف اور مفکر سبھاش گاتاڈے کا یہ مضمون اس سوال کا جواب سنجیدگی اور گہری تحقیق کے ساتھ تلاش کرتا ہے۔

History Teaches, but it has no Puplis".

Antonio Gramsci (1)

ایک ہندوستانی پبلیشر کو 2018 میں اس معاملے پر تنقید کا سامنا اس وقت کرنا پڑا، جب بچوں کے لیے ایک کتاب، جس میں عالمی رہنماؤں پر توجہ مرکوز کی گئی تھی (جنھوں نے اپنے ملک اور اپنے لوگوں کی بہتری کے لیے اپنی جانیں گنوائیں) اس میں ہٹلر کو بھی پبلشر نے شامل کیا۔

باشعور لوگ بتا سکتے ہیں کہ ایسے واقعات کم از کم یہاں تو شاذ و نادر نہیں ہیں۔ اپنی موت کے تقریباً 75

سال بعد بھی ہٹلر ہندوستان میں بار بار نمودار ہوتا رہتا ہے۔

ایک ہسپانوی فلم ساز الفریڈ وڈی براگنز اجو ایک آزاد فلم ساز رہے ہیں، جنھوں نے کچھ سال پہلے ہندوستان میں رہ کر کام کیا تھا، انھوں نے ہندوستان میں ہٹلر کی الگ قسم کی 'موجودگی' کو لے کر ایک تصویری مضمون تیار کیا تھا، جس میں تحریری مواد بہت کم تھا۔ وہ ہٹلر کی موجودگی سے اتنا پریشان ہوا کہ اپنے مضمون کے آغاز میں اس نے کہہ ہی ڈالا: ''ہندوستان ہٹلر کی محبت کی گرفت میں ہے۔ حالانکہ آبادی کا ایک بڑا حصہ یہ نہیں جانتا ایسا کیوں ہے، وہ اپنے ذاتی اور پیشہ ورانہ تحفظات سے آگے سوچنا بھی نہیں چاہتے کہ ہندوستان ہٹلر سے کیوں محبت کرتا ہے؟ کیا کسی لابی کا مفاد اس کے پیچھے ہے؟ (2)؟

آج ہندوستان میں عالم یہ ہے کہ ہٹلر کی مشہور زمانہ یہود مخالف تصنیف Mein Kampf (میری جدوجہد) آپ کسی کتاب کی دکان میں 'ڈائری آف اِن فرانس' (Dairy of in France) جو اس یہودی لڑکی کی خود نوشت سوانح حیات ہے، جو خود ہٹلر کی یہودی مخالف پالیسیوں کی شکار ہوئی تھی، کے بغل میں دیکھ سکتے ہیں۔

ہٹلر نے ہندوستانیوں کے بارے میں بہت سے تضحیک آمیز تبصرے کیے تھے۔ اس نے آزادی کی جدوجہد کی قطعی حمایت نہیں کی۔ اس فلم پر 'ڈیئر ہٹلر'، جس میں اس دعوے کا جواب دیتے ہوئے کہ ''ہٹلر ہندوستان کا دوست رہا ہے''، ایک مصنف نے اپنی رائے دیتے ہوئے ہٹلر کی تصویر کشی پر حیرت اور مایوسی کا اظہار کرتے ہوئے لکھا: ''ہٹلر نے کبھی بھی ہندوستانی حکمرانی (خودمختاری) کی حمایت نہیں کی۔ اس نے برطانوی سیاست دانوں کو گاندھی اور تحریک آزادی کے سینکڑوں رہنماؤں کو گولی مارنے کا مشورہ دیا۔ اس نے بار بار برطانوی سامراج کے تئیں اپنی حمایت کا اعادہ کیا۔ وہ یہی سوچتا تھا کہ وہ (برطانوی حکومت) اتنی سخت نہیں رہی ہے۔ 'اگر ہم ہندوستان پر قبضہ کر لیتے ہیں'، اس نے کبھی دھمکایا تھا، 'تب ہندوستانی عوام برطانوی حکومت کے اچھے دنوں کو یاد کرتے پھریں گے۔'' (3)

مقبول عام سیریل 'ہٹلر دیدی'، (جو بغیر کسی رکاوٹ کے دو سال تک چلتا رہا) وہ تب مدعا بنا، جب اس نے 'اینٹی ڈیفیمیشن لیگ' نام سے امریکہ میں قائم ایک بین الاقوامی یہودی غیر سرکاری تنظیم کو اُکسایا۔ دراصل ہوا یہ تھا کہ اس کی بڑھتی ہوئی مقبولیت کے پیش نظر بنانے والوں نے اس سیریل کو عربی زبان میں ڈب کیا اور اسے عرب دنیا میں دکھایا جانے لگا۔

'میں فلاں کی تعریف اس لیے کرتا ہوں ...'

کبھی کبھی معصوم سے دکھنے والے سوال بھی بے چین کرنے والے جوابات کو جنم دیتے ہیں۔ ممبئی کے ایک پرائیویٹ اسکول میں فرانسیسی ٹیچر کو اس بات کا قطعی احساس نہیں رہا ہوگا کہ جب اس نے اپنے طالب علموں کو یہ مشق دی کہ وہ بتائیں کہ وہ کس کو عظیم تاریخی شخصیت یا ہیرو مانتے ہیں اور اس کی حمایت میں کچھ تو لکھیں، کیا جواب دیں گے؟ مصنف اور صحافی دلیپ ڈیسوزا، جنھوں نے کئی کتابیں لکھی ہیں اور سماجی و سیاسی مسائل پر بھی

فکری مزاحمت کے پہلو

لکھتے ہیں، نے ایک گفتگو کے دوران اپنی اہلیہ کا یہ تجربہ شیئر کیا۔ان کے مطابق ان کی اہلیہ کو توقع تھی کہ لوگ گاندھی یا بھگت سنگھ یا تحریکِ آزادی کے کسی اور رہنما کا ذکر کریں گے، لیکن ان کا ایک بھی اندازہ درست ثابت نہیں ہوا۔ وہاں صرف ایک طالبہ تھی، جس نے مہاتما گاندھی کا انتخاب کیا تھا، لیکن بچپن میں سے نو طلبا نے ہٹلر کو ہیرو یا عظیم شخصیت کے طور پر پیش کیا تھا۔

اپنی اس پسند پر تبصرہ کرتے ہوئے، دسویں کلاس کے ایک طالب علم نے ہٹلر کی 'بہترین اندازِ خطابت' کی تعریف کی اور بتایا کہ وہ اپنے ملک سے محبت کرتا تھا، کس طرح وہ 'عظیم محبِّ وطن' تھا اور کس طرح وہ پہلی جنگ عظیم میں اپنے ملک کی شکست کے بعد، اسے اپنی 'عزتِ نفس' لوٹا دی۔ جن لاکھوں لوگوں کو ہٹلر نے مروایا، اس کے بارے میں اسے کوئی ہمدردی نہیں تھی؛ اس نے بس ان اموات کو واجب ٹھہرانے کی کوشش کی کہ ان میں سے کچھ غدار تھے۔'(4)

صحافی پرفل بدوائی نے لکھا تھا کہ کس طرح ہٹلر کے مداح جدید شہری دانشوروں میں اور ان لوگوں میں بھی پائے جاتے ہیں جو کارپوریٹ نوکری کرتے ہیں، انتظامیہ میں کام کرتے ہیں یا اچھی تنخواہ والے پیشوں میں ہیں۔ پھر انھوں نے ہٹلر کے بارے میں نوجوانوں کی جس رائے کو سراہا کیا، اس کو مکمل طور پر مقتبس کرنا ہی بہتر ہوگا:

''مثال کے طور پر ملک کے معروف کالج، دہلی کے سینٹ اسٹیفنس کالج میں آخری انٹرویو میں، جب امیدواروں سے پوچھا جاتا ہے کہ ان کا ہیرو یا رول ماڈل کون ہے؟ تو 'تقریباً 60 فیصد امیدوار ہٹلر کا نام لیتے ہیں۔'' پرنسپل نے آئی پی ایس کو بتایا تھا (یہ اعداد و شمار یقیناً پریشان کن ہیں) زیادہ تر طالب علم اپنے انتخاب کی وجہ یہ بتاتے ہیں کہ ہٹلر ایک پُرجوش قوم پرست تھا، اس نے جرمنی کو 'خوداعتمادی' بخشی، ورسائے معاہدے کے بعد ملک پر مسلط کیے گئے ذلت آمیز سمجھوتوں سے اسے آزاد کیا۔ اس کے ذریعے ساٹھ لاکھ یہودیوں کا مارا جانا محض 'ضمنی نقصان' (Collateral damage) ہے۔(5)

اپنے مضمون 'hitlers-hindus-indias-nazi-loving-nationalists-on-the-rise' کے مصنف، جو ایک ڈیجیٹل کاروباری ہیں، نے ہندوستان کی تحریکِ آزادی میں عدم تشدد کے بنیادی اصول کے برعکس، موجودہ ہندوستان میں ہٹلر کے فاشزم کے برانڈ کی ہندوستانی شکل پر بحث کرتے ہیں جس میں نسلی منافرت اور ہندو قوم پرستی کا گھول ملا ہوا ہو۔(6)

سوشل میڈیا کا جائزہ لیتے ہوئے، وہ اس بات کا انکشاف کرتے ہیں کہ کس طرح ''ہندوستانی ہندو نازیوں کی ایک بڑی اور بڑھتی ہوئی کمیونٹی اُبھری ہے، جو دنیا کے دوسرے حصوں میں کام کرنے والے فعال نازی گروپوں سے جڑی ہوئی ہے۔''

نیوز ایکس (جو ہندوستان کا ایک 24 گھنٹے چلنے والا ٹیلی ویژن چینل ہے) کے ذریعے چلائے جانے والے یوٹیوب چینل پر کوئی انکشاف کرتا ہے:



فکری مزاحمت کے پہلو

''میں نے یہ بھی پایا کہ ہندوستان میں اکثر وہاٹس ایپ گروپس ہٹلر کی 'مثبت شراکت' پر بحث کر رہے
ہیں۔ انھوں نے جرمنی کے 'عظیم رہنما، ایک محبِ وطن، قوم پرست' جس نے 'غداروں' کو سزا دی، اس انداز سے
اس کا تذکرہ کرتے ہیں۔'' (ایضاً)

یہ دعویٰ کیا جا سکتا ہے کہ ہندوستانی عوام ہی دنیا کے واحد لوگ نہیں ہیں، جو ہٹلر کی حمایت کرتے ہیں۔ کسی
ایک تقریر میں فلپائن کے صدر ڈوٹرٹے نے اپنا موازنہ ہٹلر سے کیا اور دعویٰ کیا کہ نشیلی دوا لینے والے اور اس کی خرید و
فروخت میں لگے 30 لاکھ لوگوں کا صفایا کر کے ''بہت خوش ہوں گے۔''

محض دو سال قبل اس وقت کے جاپان کے وزیرِ اعظم شنزو آبے کی سربراہی میں جاپانی حکومت کی کابینہ
نے یہ طے کیا تھا کہ ہٹلر کی سوانحِ عمری 'مائن کامف' یعنی 'میری جدوجہد' ایک ایسی کتاب ہے جس کی بہت زیادہ تدریسی
اہمیت ہے اور اسے ملک کی تعلیم گاہوں میں استعمال کیا جا سکتا ہے۔ (7)

متحدہ امریکہ سے شائع ہونے والے جریدے 'فارن پالیسی' نے ایک اسٹوری شائع کی تھی، جس کا
مرکز غیر مغربی دنیا میں ہٹلر کا 'مثبت نقطہ نظر' تھا۔ اس میں بتایا گیا تھا کہ مغربی دنیا میں ہٹلر کی جو تصویر رائج ہے، جس
کے تحت وہ ایک قاتل اور نسلی جنونی ہے جو دنیا پر غلبہ حاصل کرنا چاہتا تھا، وہیں غیر مغربی ممالک میں اسے
'Anglo-French-American-Zinonist domination' کے خلاف، اس کے قوم پرست
جدوجہد کی وجہ سے اسے 'سامراج مخالف باغی' کے طور پر بھی دیکھا جاتا ہے۔ (8)

ویسے اس میں کوئی دو رائے نہیں کہ ہٹلر سے ہندوستانیوں کی محبت کا دنیا میں کوئی ثانی نہیں ہے۔ لندن
سے شائع ہونے والے 'ڈیلی ٹیلی گراف' نے ایک مضمون میں مغربی دنیا کی توجہ اس طرف مبذول کرائی تھی
: 'انڈین بزنس اسٹوڈنٹس اسنیپ اپ کا پیز مائن کامف' سوال اٹھاتا ہے کہ آخر ہندوستان میں ہٹلر اتنا 'مقبول'
کیوں ہے؟ خاص کر متوسط اور اعلیٰ طبقوں کے نوجوانوں اور پیشہ ور افراد کے درمیان؟

اسرائیل سے شائع ہونے والے اخبار 'یروشلم پوسٹ' میں شائع ہونے والے مضمون 'ایڈولف ہٹلر
انڈیا میں مقبول کیوں ہے؟' میں مصنف نے ہٹلر کے لیے ہندوستانیوں کی اس محبت کو ایک مختلف زاویے سے دیکھنے
کی کوشش کی ہے۔ (9)

''ہندوستان میں ہٹلر کی میراث مغرب سے بالکل مختلف نظر آتی ہے۔ دوسری جنگِ عظیم کی تباہی
سے بہت دور کھڑے اور نسل کشی کی حقیقت سے تقریباً ناواقف، ہندوستان کے لوگوں کی ہٹلر سے محبت ان
معاشروں میں ممکن نہیں جہاں جنگ میں حصہ لینے والے فوجی ہوں یا نسل کشی سے بچ جانے والے لوگ، یا جہاں
جنگ اور اس کی وراثت کے بارے میں تعلیم کے ذریعے یا دیگر ذرائع سے مسلسل بتایا جاتا رہتا ہو۔''
مضمون میں یہ بھی ذکر کیا گیا ہے کہ:

'' (تاریخی عالمی حادثات اور ہندوستانیوں کے بیچ جذباتی فاصلے کو لے کر) اوپری سطح پر ایک تضاد دکھائی


فکری مزاحمت کے پہلو

دیتا ہے۔) ہندوستانی تعلیم ایسے عالمی حادثات پر بہت کم توجہ دیتی ہے جن کا مرکز قوم پرستی یا آزادی کی جد و جہد پر نہ ہو۔ دوسری جنگ عظیم کے اسکولوں کے کورسیز میں ہونے والی گفتگو بہت سطحی ہے۔ وہ دِکھاوا اور ہٹلر کی مشہور شخصیت کی شبیہ سے مسحور ہوتے ہیں۔

''ایک ایسے ملک میں جہاں تمام ہندوستانی اس بات پر یقین کرتے ہیں کہ ایک مضبوط لیڈر معاشرے کو بہتر طور پر تبدیل کر سکتا ہے، وہاں جب وہ اس بات کو دیکھتے ہیں کہ ہزار ہا ہزار جرمن ہٹلر کے سامنے ہاتھ باندھے کھڑے ہیں، تو یہ تصویر انھیں لبھاتی ہے، بھلے ہی ایسے جلوسوں نے تمام تباہی کو جنم دیا ہو۔''

ہم لوگ چاہیں تو صحافی پرفل بدوائی کے لکھے ہوئے اس مضمون پر لوٹ سکتے ہیں، جن کا کچھ سال قبل انتقال ہو گیا۔ معروف سیاسی تجزیہ نگار راجیو بھارگوا کا حوالہ دیتے ہوئے، انھوں نے کہا کہ ہٹلر کی تعریف کے تئیں یہ احساس 'دراصل ہندوستانی اشرافیہ کے درمیان موجود آمرانہ ذہنیت کی گواہی دیتا ہے، یا کم از کم ان کی غیر جمہوری طرزِ حکمرانی کے لیے دلچسپی یا تعریف کو اُجاگر کرتا ہے۔''

انھوں نے مزید کہا کہ ''کئی اعلیٰ طبقے کے ہندوستانی مانتے ہیں کہ ایک ڈکٹیٹر ہی ہندوستان کو درپیش مختلف النوع مسائل کو حل کر سکتا ہے۔''

ہندوستان میں مطلق العنان سوچ کے اس رجحان کے بارے میں سماجی سائنس دانوں کا خیال ہے کہ:

''اس کی جڑیں ہندوستان کے اشرافیہ طبقے کے انتہائی درجہ بندی والے ذات پات کے نظام میں ہیں۔ بہت سی اعلیٰ ذات والے، اعلیٰ طبقے کے ہندوستانی ابھی تک جمہوریت کے ساتھ مکمل طور پر تال میل قائم نہیں کر پائے ہیں، جس میں ایک یہ خیال بھی شامل ہے کہ ڈرائیوروں اور باورچیوں کو بھی ان کی طرح ووٹنگ کے مساوی حقوق حاصل ہونے چاہئیں۔''

اس تجزیے میں نئی لبرل اقتصادی پالیسیوں کا سوال بھی جڑتا ہے، جہاں وہ پروفیسر کمل مترا چنائے کا حوالہ دیتے ہوئے کہتے ہیں کہ ان پالیسیوں کے تحت ''کسی بھی صورت میں پیسہ کمانے'' کی یہ تبدیلی ان پالیسیوں کے تحت بڑھ رہی ہے اور اس کا مطلب ہے ''مفادِ عامہ کے معاملات میں ایک فاشسٹ قسم کی بے رخی کی توسیع۔''

ہولوکاسٹ (Holocaust) کو ہم دوسری جنگ عظیم کے دوران نازی جرمنی اور اس کے اتحادیوں کے ذریعے یہودی مردوں، عورتوں اور بچوں اور لاکھوں دیگر لوگوں کے منظم، ریاستی سرپرستی میں قتل عام کے طور پر سمجھتے ہیں۔ سرکاری طور پر، 60 لاکھ سے زیادہ یورپی یہودیوں کو قتل کیا گیا، جس کا مطلب تھا کہ یورپ میں تقریباً دو تہائی یہودی اس عرصے کے دوران مار دیے گئے۔ واضح رہے کہ جرمنوں نے اس قتل عام کو یہودی سوال کے 'حتمی حل' (Final solution) کے طور پر منتخب کیا تھا۔ پچھلے کچھ برسوں میں ایک ملی جلی رائے ابھری ہے، جنھیں ہولوکاسٹ کا منکر کہا جا سکتا ہے، جو یورپ اور چند مسلم اکثریتی ممالک میں پھیلے ہوئے ہیں، جو اس بات سے بھی انکار کرتے ہیں کہ دوسری جنگ عظیم کے دوران یہودیوں کے خلاف نسلی تطہیر کی تحریک چلی تھی اور یہ کہ نازی جرمنی فکری مزاحمت کے پہلو

کی طرف سے یہودیوں کو ختم کرنے کا کوئی منصوبہ تھا یا یہ کہ حقیقی طور پر جتنے یہودی مارے گئے تھے ان کی تعداد کافی کم تھی۔ اس سمجھداری کی بنیاد تاریخ کی نسلی سمجھداری میں ہے یا اس سوچ میں ہے جہاں یہودیوں کو دوسرے درجے کے شہری کے طور پر یا انسان سے کمتر پیش کیا جاتا ہے۔ کیا ہندوستانیوں کو ہولوکاسٹ سے انکار کرنے والوں کی کمیونٹی میں شامل کیا جا سکتا ہے؟ یقینی طور پر نہیں۔

اگر ان سے صاف صاف پوچھا جائے کہ کیا یہودیوں کی نسلی تطہیر کی مہم چلائی گئی تھی یا نہیں؟ انھیں اس بات کو تسلیم کرنے سے کوئی گریز نہیں ہوگا اور نہ ہی اس کی مذمت کرنے میں وہ کوئی جھجک محسوس کریں گے۔

یہاں یہ بات بھی تھوڑی حیران کن معلوم ہو سکتی ہے کہ یہودیوں کو یہاں کسی بھید بھاؤ کا سامنا نہیں کرنا پڑا، دنیا کے دوسرے حصے میں ان کی نسلی تطہیر یہاں کوئی مدعا نہ بن سکی۔ سوال یہ پیدا ہوتا ہے کہ کیا یہ خاموشی ایک بدنام استثناء تھی یا یہ ہندوستانیوں کے عمومی رویے کا ہی حصہ تھی؟

اگر ہم ٹھنڈے دماغ سے سوچنا شروع کریں تو ہم دیکھ سکتے ہیں کہ ہندوستانیوں نے اکثر دنیا میں اس طرح کے واقعات کے بارے میں بے حسی کا مظاہرہ کیا ہے۔ یہاں تک کہ اپنے ماضی کے بارے میں بھی وہ اسی طرح بے رُخی کا مظاہرہ کرتے ہیں۔ ہم یہ بھی کہہ سکتے ہیں کہ تشدد ہمارے معاشرے میں اس قدر پیوست اور رچا بسا ہے کہ یہ تقریباً معمول بن چکا ہے۔ آپ قدیم ہندوستان پر مرکوز لٹریچر کا مطالعہ کریں تو اس تشدد کی وسعت اور آپ خود دیکھ سکتے ہیں۔ ڈاکٹر امبیڈکر جیسے لوگوں نے اس تشدد پر تفصیل سے لکھا ہے اور اس بات کا بھی پردہ فاش کیا ہے کہ کس طرح پورے سماج یا اس کے سرکردہ لوگوں نے اسے منظر سے غائب کرنے میں کتنا جتن کیا ہے۔ ہم چاہیں تو ان کی کتاب The Untouchables and The Pax Britannica سے رجوع کر سکتے ہیں تا کہ یہ معلوم ہو پائے کہ اس دور میں کس کس قسم کے وحشیانہ طریقے رائج تھے۔ (10)

معروف مؤرخ پروفیسر اوپیندر سنگھ نے اپنی کتاب Political Violence in Ancient India میں قدیم ہندوستانی تحریروں سے تشدد کے واقعات پیش کیے ہیں۔ وہ بتاتی ہیں کہ کس طرح ''قدیم ہندوستانی تحریریں تشدد کی مختلف اقسام کی وضاحتوں سے بھری پڑی ہیں۔ مجھے کچھ مثالیں پیش کرنے دیں۔ رِگ وید میں جنگ کے بارے میں بہت زیادہ بحث کی گئی ہے۔ اشومیدھ جیسے یگیہ۔ یہ مردوں اور جانوروں کے خلاف تشدد سے بھرے ہوئے ہیں۔ مہابھارت میں 18 دنوں کی ایسی جنگ کا بیان ہے جس میں ہر روز دونوں طرف سے ہزاروں سپاہی مارے جاتے تھے اور آخر میں پانڈووں کی طرف سے صرف سات لوگ باقی تھے اور کوروؤں کی طرف سے صرف تین لوگ رہ گئے تھے۔ کروچھیتر میں ہوئی اس جنگ کی تفصیل کو لفظ بہ لفظ نہیں لینا چاہیے لیکن ہم اچھی طرح جانتے ہیں کہ قدیم ہندوستان کے بادشاہ مسلسل پر تشدد، خوں ریز جنگوں میں مصروف رہتے تھے۔ جنگلی قبائل کے ساتھ مزاحمت بہت عام تھی۔'' (11)

یہاں ہماری حالیہ تاریخ سے ایک مثال لینا زیادہ مناسب ہوگا۔



فکری مزاحمت کے پہلو

اگر دوسری جنگ عظیم کے دوران مارے گئے یہودیوں کی تعداد 60 لاکھ کے قریب تھی، تو ملک کی تقسیم کے دوران مارے جانے والے بے گناہوں کی تعداد بھی اسی دائرے میں تھی۔ اندازہ یہ لگایا جاتا ہے کہ اس دوران دو لاکھ سے بیس لاکھ تک افراد ہلاک ہوئے۔ (12)

آخر اس قتال کے بعد کیا ہوا؟ کیا ان واقعات کی کوئی جانچ پڑتال ہوئی، کیا کسی کو سزا دلائی جا سکی؟ کچھ بھی نہیں ہوا۔ حقیقت یہ ہے کہ یہ قتل ہماری یادداشت سے بھی پوری طرح نکل گئے۔ اور صرف تقسیم کے دوران ہونے والے فسادات ہی نہیں، آزاد ہندوستان میں ہم نے یہاں ہونے والے فرقہ وارانہ فسادات میں، دلتوں اور قبائلیوں کے خلاف منظم تشدد میں، یا دوسرے استحصال کے شکار اور مصیبت زدہ لوگوں کے خلاف جاری تشدد میں اسی طرح ہزاروں نفوس کی جانیں قربان ہوتے دیکھی ہیں۔ لیکن ہم بار بار یہی پاتے ہیں کہ ہندوستانی لوگ اپنی منتخب شدہ 'بھولنے کی بیماری' کی اپنی لغت سے مطمئن بنے رہتے ہیں۔ منظم قتل کے ان واقعات پر نہ صرف معاشرہ خاموش ہے بلکہ ریاست کے مختلف ادارے بھی اکثر خاموشی کی اس سازش میں ملوث نظر آتے ہیں۔

ہندوستان میں 'یہودیوں کے خاتمے' کو لے کر یہ بے حسی دراصل اسی صورت حال کی توسیع معلوم ہوتی ہے۔ انسانیت کے خلاف جرائم چلے سے یہاں جنوبی ایشیا میں اسی قسم کا رویہ اختیار کیا جاتا ہے، جس طرح ان جرائم کو 'پوشیدہ' کر دیا جاتا ہے یا منظم طریقے سے فراموش کر دیا جاتا ہے اور اس طرح متاثرہ برادریوں، تنظیموں، تشدد اور تباہی کا شکار ہونے والوں کے لیے انصاف کا سوال دفنا دیا جاتا ہے۔

اس پس منظر میں، کیا یہ کہا جا سکتا ہے کہ ایک رول ماڈل کے طور پر ہٹلر کی دستک یا اس کی شبیہ کی انسانیت آموزی کی جڑیں اس بات میں پوشیدہ ہیں کہ ہمیں کس طرح  تاریخ سکھائی جاتی ہے، کس طرح سوشل سائنس کی نصابی کتابیں طلبا کے درمیان ایک تجزیہ شدہ نظریہ کو فروغ دے پانے میں ناکام ہوتی ہیں۔

ہم اپنے اپنے بچپن یا نوعمری کے دنوں کو یاد کر کے بتا سکتے ہیں کہ نصابی کتب کس طرح شعوری یا لاشعوری طور پر ہمارے ذہنوں میں ذات پات، جنس، نسلی اور یہاں تک کہ فرقہ وارانہ دقیانوسی تصورات کو جنم دیتی ہیں اور ہماری نفسیات کو تشکیل دیتی ہیں۔ اور صرف نصابی کتابیں ہی نہیں، بلکہ جسے ہم 'بچوں کا ادب' کہتے ہیں وہ بھی ایسے ہی تعصبات سے لیس رہتا تھا۔ مثال کے طور پر 'امر چتر کتھا' کے نام سے شائع ہونے والی مشہور کامکس سیریز، جس نے کم سے کم دو نسلوں کے بچوں کو متاثر کیا۔ اس کے 40 سالہ سفر کو دیکھتے ہوئے مصنفہ نے جو نتائج اخذ کیے ہیں، وہ انتہائی تشویشناک ہیں۔

'رفتہ رفتہ راشٹر (قوم) کے تصور کے طور پر مذہب کو اس طرح قائم کیا گیا کہ راشٹر دراصل علاقے، مقام، طبقے، جنس، ذات، فرقہ یا مذہبی گروہ جیسی کسی مخصوص شناخت سے بالاتر ہو کر ایک مکمل 'راشٹر دھرم' کے قیام میں اہم کردار ادا کرتا ہے۔ اس کے باوجود مذہب کے مبینہ طور پر رجعت پسندی اور اصولی پہلوؤں کا استعمال بھی بیک وقت ساتھ ساتھ چلتا رہا۔ ایک تکمیلی قدم یہ بھی تھا کہ ہندو دھرم جو کہ اکثریت کا مذہب تھا، اسے بھی راشٹر کے فکری مزاحمت کے پہلو

88

ساتھ پہچانا ضروری تھا۔''(13)

محض نصابی کتب کی ورق گردانی سے ایک بات واضح ہوسکتی ہے کہ طلبہ کے لیے اس بارے میں کوئی ٹھوس رائے رکھنا مشکل کیوں ہوجاتا ہے، مثلاً جب انھیں آمریت یا ذات پات کے نظام کی خوبیوں اور خامیوں پر بات کرنے کو کہا جائے۔ اگر انھیں انسانیت کے خلاف ماضی کے جرائم اور ان کے مرتکب افراد کے بارے میں نہیں بتایا جائے گا، اگر نصابی کتابیں ایسے تمام ناگوار حقائق کو چھپا دیں یا صاف ستھرا کر کے انھیں پیش کریں، تو وہ کیسے سمجھیں گے کہ تاریخ محض حقائق کا مجموعہ نہیں، جنھیں زمانوی ترتیب سے درج کیا گیا ہے، بلکہ اور بھی بہت کچھ ہے۔

اگر ہم دوسری جنگ عظیم کی تفصیلات کی طرف رجوع کریں تو ہمیں ایسی کتابیں شاذ و نادر ہی ملتی ہیں، جن میں اس جنگ میں مارے گئے تمام بے گناہ لوگوں کے بارے میں تفصیلی معلومات موجود ہوں، ہم ان ٹارچر کیمپوں کے بارے میں جان سکیں جو ہٹلر اور اس کے نازی فوجیوں نے بنائے تھے۔ آخر کتنے طلبا Auschwitz concentration camp کے بارے میں جانتے ہیں، جسے آج بھی انسانی تاریخ میں کسی ایک جگہ پر ہونے والے اجتماعی قتل کی سب سے زیادہ تعداد کے لیے یاد کیا جاتا ہے، جہاں زیادہ تر متاثرین کو ایسے گیس چیمبروں میں دھکیلا جاتا تھا جس میں سائنائیڈ جیسی زہریلی گیس چھوڑی جاتی تھی جس کے نتیجے میں وہ فوراً مر جاتے تھے۔

تاریخ میں اس ظالمانہ 'سائنسی' تجربات کا بھی ریکارڈ درج ہے، جب ڈاکٹر جوزف مینگلے جیسے نازی ڈاکٹر مانع حمل اشیا کی نئی 'سیریز' کا تجربہ کرنے کے لیے خواتین کے جسموں میں کاسٹک کیمیکل کا انجکشن لگاتے تھے۔ اگر ہم ان تفصیلات کو بھول بھی جائیں تب بھی ہم یہ فراموش نہیں کر سکتے کہ یہاں کی درسی کتابوں میں ہم ہٹلر کی تعریفیں پڑھ سکتے ہیں اور گاندھی جی کی کمی نکالنے والے ابواب بھی دیکھ سکتے ہیں۔

ملک کی مختلف اور الگ الگ ریاستوں کے تعلیمی بورڈز میں بھی ہم کبھی کبھی ہٹلر سے ملتے ہیں اور نازی ازم کی اندرونی کامیابیوں کی باتیں سن سکتے ہیں۔ ان کتابوں میں فاشزم اور نازی ازم کے بارے میں 'بے حد ڈراؤنی البتہ مبہم تصویر' مل سکتی ہے۔ حالانکہ ان کتابوں میں ان دونوں مظاہر سے پیدا ہونے والے مضبوط قومی احساس کے بارے میں بات ہوتی تھی، انتظامیہ اور افسر شاہی کے نظام میں اس سے پیدا ہونے والی کارکردگی سے متعلق گفتگو ہوتی تھی، لیکن اس میں یہودیوں کے قتل عام، تارکین وطن، ٹریڈ یونین کے کارکنوں کے خلاف ہونے والے مظالم کا کوئی ذکر نہیں مل سکتا، اور یہ واقعہ محض کسی خاص ریاست یا صوبے تک محدود نظر نہیں آئے گا۔(14)

چیزوں کی جانبدارانہ اور یک طرفہ پیشکش آج بھی بلا روک ٹوک جاری ہے، جو صرف ہٹلر کی شبیہ کو صاف کرنے تک محدود نہیں ہے۔

نصابی کتب اور دیگر مقبول یا عملی مطالعات سے منسلک ان بحثوں کا سب سے کم تذکرے کا پہلو رہا ہے۔ اپنے ماضی پر تنقیدی نظر کا فقدان ہے، خاص کر ماضی کے اس حصے کی طرف جب لوگوں کو ایک حصے نے،



فکری مزاحمت کے پہلو

بطور خاص بائیں بازو کے لیڈروں کے ذریعے، مسولینی اور ہٹلر کے تئیں نوآبادیاتی عہد کے دوران ظاہر کیا گیا مفروضہ۔

'اکنامک اینڈ پولیٹیکل ویکلی' کے اپنے ایک اہم مضمون میں مرضیہ کسولاری بتاتی ہیں:(15)
''ان کے لیے فاشزم قدامت پسند انقلاب کی ایک مثال تھی۔ اطالوی حکومت کے ابتدائی مرحلے سے ہی، مراٹھی اخبارات اور رسائل میں اس کے بارے میں 1924 سے 1935 تک مسلسل لکھا جاتا رہا۔''

بائیں بازو کے ایک اہم لیڈر نے اٹلی کا سفر کیا تھا، مسولینی سے بھی ملاقات کی تھی اور نوجوانوں میں قوم پرستی اور نظم و ضبط کے جذبے کو فروغ دینے کے لیے فاشسٹ حکومت کے قائم کردہ تمام اداروں کا دورہ کیا تھا اور وہ ان سے متاثر ہوئے تھے اور انھوں نے ایسی تنظیموں کو ہندوستان میں بھی بنانے کی بات کی تھی۔ ان میں بیلِلا (Balilla) نامی تنظیم سب سے آگے تھی، جو مسولینی نے اٹلی کی فوجی تعمیر نو کے لیے بنائی تھی۔'

بائیں بازو کے ایک دوسرے سرکردہ لیڈر نے نازیوں کے بارے میں کہا تھا:
''راشٹر (قوم) اور اس کی ثقافت کی پاکیزگی کو برقرار رکھنے کے لیے، جرمنی نے کمیونسٹ نسل (اور) یہودیوں کا اخراج کر کے دنیا کو چونکا دیا۔ وہاں قومی افتخار اپنی سب سے بڑی شکل میں ظاہر ہوا۔''

کیا ہٹلر کی مقبولیت کی جڑیں 'ہندوستانی اور جرمن عوام کے درمیان مشترکہ آریائی روابط' میں پنہاں ہیں، جیسا کہ 18 ویں صدی کے آخر میں بنگال میں فعال ایک برطانوی جج اور اسکالر سر ولیم جونز نے کہا تھا۔ ان کی فہم و فراست کے پیش نظر انھیں مترجمین کی مدد سے ہندوؤں اور مسلمانوں کے متون کا مطالعہ کرنے کو کہا گیا، لیکن 'اصل ماخذ کی تلاش' میں انھوں نے خود ان کا مطالعہ کیا۔
''آریہ نسل لمبی اور پتلی ہوتی ہے۔ یہ نسل تنگ چہرہ اور تنگ کھوپڑی کی ہوتی ہے، ان کی جلد کا رنگ صاف ہے، ان کے بال ملائم رہتے ہیں۔''(16)

یا اسے ہٹلر کے ذریعے پیش کردہ آریائی نسل کی برتری کے نظریہ کے لیے ہندوستانیوں کی پسندیدگی میں دیکھا جا سکتا ہے، جسے ہٹلر نے پیش کیا تھا۔ ہٹلر کا یہ ماننا تھا کہ یہ 'آریائی نسل' جس کے پاس سب سے 'پاکیزہ خون' ہے، اس کا ہی یہ فرض ہے کہ دنیا کے لوگوں کو قابو میں رکھیں۔ اس کی مجموعی اسکیم میں غیر آریوں کو ناپاک اور شیطانی سمجھا جاتا تھا۔ آریوں کی 'برتری' کو یہودیوں، خانہ بدوشوں اور کالوں جیسے 'کمتر' لوگوں سے خطرہ تھا۔ ایسا کہا گیا، ہمیں بتایا جاتا ہے کہ الفریڈ روزن برگ (1893–1946)، جو ایک سرکردہ نازی مفکر تھا، جسے نیورمبرگ مقدمے کے بعد پھانسی دے دی گئی تھی، جس نے نازی نظریے کی مذمت کرتے ہوئے ایک مشہور کتاب لکھی، *The Myth of the Twentieth Century* (1930)، اس نے ہندوستان کو آریوں کے آبائی گھر کے طور پر دیکھا تھا۔

آخر میں، کیا ہٹلر کی یہ خواہش (جسے ہم ایک مضبوط لیڈر کے مفروضے کے طور پر دیکھ سکتے ہیں) اس


فکری مزاحمت کے پہلو

وجہ سے بھی اُبھری ہے کہ ہم انتہائی غیر یقینی دور میں رہتے ہیں اور ایک مستحکم غلط فہمی پائی جاتی ہے کہ ایسے لیڈر ہی سب سے کامیاب اور قابلِ تعریف ہوتے ہیں۔'

طاقتور لیڈر اور غیر یقینی وقت، میں اس مرکزی تصور کو بے نقاب کرنا چاہتا ہوں، وہ یہ کہ لیڈروں کے روایتی انداز میں جنھیں طاقتور لیڈر سمجھا جاتا ہے، جو اپنے ساتھیوں پر غلبہ حاصل کرنے کی پوزیشن میں ہوتے ہیں اور تمام فیصلے کا عمل اپنے ہاتھ میں مرکوز رکھتے ہیں، وہی سب سے زیادہ کامیاب اور قابل تعریف ہیں۔ حالانکہ اس زمرے میں شامل کچھ لیڈر منفی کے مقابلے میں زیادہ مثبت نظر آتے ہیں، کسی بھی لیڈر کے ہاتھ میں بہت زیادہ طاقت کا مرتکز ہونا بڑی غلطیوں اور بڑے پیمانے پر تباہی اور خوں ریزی کا باعث بن سکتا ہے۔(17)

لوگ طاقتور لیڈر کو کیوں پسند کرتے ہیں؟

دنیا بھر میں ڈکٹیٹر یا طاقتور لیڈروں کے عروج کے رجحان کو ہم دیکھ سکتے ہیں۔ اس غیر یقینی دور نے ایسے لیڈروں کو سامنے لا کھڑا کیا ہے جو غیر یقینی صورتحال اور کنٹرول کی کمی کے بارے میں ووٹرز کے خدشات کو دور کرتے ہیں۔ ہارورڈ بزنس ریویؤ میں شائع ہونے والے ایک پیپر میں، ہیمنت ککر اور نیرو سوا ناتھن نے اسی اُبھرتے ہوئے رجحان کا تجزیہ کرنے کی کوشش کی۔(18)

'ارتقائی اور سماجی نفسیات' پر مشتمل اپنی تحقیق کی بنیاد پر، جو قیادت کے لیے وقار اور غلبہ جیسے دو متبادل راستوں کی بات کرتی ہے، پہلے وہ دونوں قسم کی قیادت میں فرق کرنے کی کوشش کرتے ہیں، مثال کے طور پر، کس طرح 'غلبہ' پر مبنی قیادت زیادہ دعویٰ داری پیش کرنے والی ہوتی ہے، خود اعتمادی سے بھری ہوتی ہے، کنٹرول کرنے والی ہوتی ہے، فیصلہ کن اور ڈرانے والی ہوتی ہے۔ جب کہ وقار کے راستے پر چلنے والی قیادت ایسے لوگوں سے متعلق ہوتی ہے جو احترام کے اہل ہوتے ہیں، قابل تحسین اور دوسروں کے ذریعہ تعریف کے قابل ہوتے ہیں۔ ان کے مطابق، 'ایک غالب لیڈر کی اپیل وقار کے راستے پر چلنے والے لیڈر سے زیادہ ہوتی ہے، خاص طور پر جب سماجی و اقتصادی ماحول بے یقینی سے بھرا ہو، جب یہ واضح ہو کہ مستقبل میں کیا پوشیدہ ہے۔ لوگ ذاتی کنٹرول نہیں رکھ پاتے اور ان میں یہ سمجھ سرایت کر جاتی ہے کہ وہ نتائج کو متاثر نہیں کر سکتے۔'

ان کے مطابق "غیر یقینی عہد میں غالب لیڈر کی حمایت کرنا ایک طرح سے اپنے ذاتی کنٹرول کے احساس کو بحال کرنے کا ذریعہ ہے کہ وہ حکومتیں، خداؤں اور درجہ بندیوں پر بھروسہ کریں، جن کے پاس مبینہ طور پر زیادہ کام کرنے کا علم ہوتا ہے۔"

حالانکہ وہ اس انتباہ کو اجاگر کرنا نہیں بھولے کہ اقتصادی ضوابط اور سیاسی پالیسیوں کو نافذ کرنے کا اختیار رکھنے کے باوجود، اس بات کا امکان موجود ہے کہ ان کی حکمرانی زیادہ افراتفری اور غیر یقینی صورتحال کو جنم دے گی، جو ایک طرح سے ان کی اپیل کو اور اقتدار پر ان کی گرفت کو مضبوط ہی کرے گی۔

محققین نے جو کچھ پیش کیا ہے وہ یقیناً لاجواب ہے، لیکن ہم دیکھ سکتے ہیں کہ ایک مضبوط لیڈر کا یہ


فکری مزاحمت کے پہلو

مفروضہ ایک طرح سے قرونِ وسطیٰ کی بیڑیوں سے جدید انسان کی آزادی سے جڑا ہوا ہے، جہاں اس کے لیے یہ آسان ہے کہ وہ ایک بڑے لیڈر کے آگے سر جھکا دے۔ ایرک فورم اپنی کتاب میں بتاتے ہیں:

''اپنی کتاب 'فیئر آف فریڈم' میں، میں نے یہ دکھانے کی کوشش کی ہے کہ مطلق العنان تحریکیں ایک طرح سے نئی دنیا میں، انسان نے جو آزادی حاصل کی ہے، اس سے گہرے اضطراب کو اپیل کرتے ہیں، ایک طرح سے جدید انسان جو قرونِ وسطیٰ کے بندھنوں سے آزاد ہو، وہ عقلیت اور محبت پر مبنی با مقصد زندگی شروع کرنے کے لیے آزاد نہیں ہے، اس لیے وہ کسی لیڈر، نسل یا ریاست کے سامنے ہتھیار ڈال کر نئی سلامتی تلاش کرتا ہے۔'' (19)۔

ایک مضبوط لیڈر کی تلاش ایک ایسے شخص کی خصوصیت ہے جو ان قوتوں کے رحم و کرم پر ہے جو اس کے اپنے قابو سے باہر ہیں اور اسے بے اختیار اور بے وقعت بنا دیتے ہیں۔ اسے ایک نئی پناہ گاہ تلاش کرنے کی ان کی کوششوں کی عکاسی کے طور پر بھی دیکھا جا سکتا ہے، جو اسے ایک مضبوط لیڈر کی تلاش پر مجبور کرتا ہے کیونکہ اس کے نظام کی طرف سے پیدا ہونے والی بیگانگی کے ساتھ ساتھ کمیونٹی یا سماجی و سیاسی اداروں سے اس کی دوری کی وجہ سے جو کام کو انجام دے سکے۔

اگر ہم ہندوستان کی بات کریں تو ایک مضبوط لیڈر کے لیے، ایک ڈکٹیٹر کے تئیں، یہ مفروضہ ہمیشہ ہی رہا ہے، خاص طور پر اعلیٰ طبقے میں، ان دنوں میں بھی جب وقت اتنا غیر یقینی نہیں تھا، ان ایام میں بھی جب نو آزاد ملک خود انحصاری اور سبھی کے لیے برابری کے ساتھ ترقی کی طرف ابتدائی قدم بڑھا رہے تھے۔ ایسے لوگ جو 'فیصلہ کن'، 'مضبوط' اور 'محبِّ وطن' ظاہر ہونا چاہتے ہیں، ان کے لیے ہٹلر کی یہ تصویر کشش رکھتی ہے جس کے مستقبل کی روپ ریکھا 'مالک' اور 'کرائے دار' کے آسان بائنری پر مبنی تھی۔

سوال یہ پیدا ہوتا ہے کہ ڈکٹیٹر کی یہ خواہش ہندوستان میں جمہوریت کے مستقبل کے بارے میں کیا انتباہ دیتی ہے؟


**Notes and references:**


1 . Letter from Prison (21June 1919) translated by Hamish Henderson, Edinburgh University Student Publications

2. http//:blogs.timesofisrael.com/india-loves-hitler/

3. https//:www.theguardian.com/film/filmblog/2010/jun/11/bollywood-film-hitler

4. https//:www.thedailybeast.com/hitlers-strange-afterlife-in-india

5. http//:www.ipsnews.net/2006/08/culture-hitlers-cafe-




فکری مزاحمت کے پہلو

serves-up-indias-ugly-side

6. https//:www.haaretz.com/opinion/hitlers-hindus-indias-nazi-loving-nationalists-on-the-rise-1.5628532

7. https//:www.theglobalist.com/japan-loves-hitler-education-shinzo-abe-hitler/This also keeps open the possibility.

8. https//:foreignpolicy.com/2016/10/05/the-developing-world-thinks-hitler-is-underrated-duterte-world-war-ii-nazi-politics/

9. https//:www.jpost.com/Opinion/Why-is-Adolf-Hitler-popular-in-India-376622

10. https//:www.scribd.com/document/90554070/The-Untouchables-and-the-Pax-Britannica-Dr-B-R-ambedkar

11. https//:www.firstpost.com/living/ancient-indias-political-history-is-based-on-violence-historian-upinder-singh-on-new-book-418167

12. scholars like Paul R Brass discount the possibility that these killings were spontaneous which took place during the frenzy of partition, rather he emphasizes that they were also an example of existence of institutionalized riot systems in operation then as well.

13. Page vii, Chandra Nandini,The Classic Popular, Amar Chitra Katha, 1967–2007,Yoda Press, 2008

14. https//:www.haaretz.com/opinion/hitlers-hindus-indias-nazi-loving-nationalists-on-the-rise-1.5628532

15. http//:www.epw.in/journal/2000/04/special-articles/hindutvas-foreign-tie-1930s.html

16. Leaflet from Nazi Propaganda, 1929

17. Brown, The Myth of a Strong Leader (2014)

18. https//:hbr.org/2017/08/why-we-prefer-dominant-leaders-in-uncertain-times

19. Page X, The Sane Society, Erich Fromm

[ بشکریہ،'سہالوچن'،3فروری2021]

# کورونا وائرس کے بعد کیا ہوتا ہے؟

یان لیانکے

ترجمہ: نسیم افضل

کورونا کا قہر چین میں دسمبر (2019) سے شروع ہو گیا تھا۔ اس بیچ بہت کچھ ہوا۔ اذیت، درد اور بے بسی کی جیتی جاگتی کہانیاں فتح کے شور میں خاموش ہو گئیں۔ چینی کہانی نویس پروفیسر یان لیانکے نے انھی یادوں کو پابندی کی شکل میں دیکھا ہے۔ یان لیانکے یادداشتیں نہ لکھنے کے دباؤ کا ذکر کرتے ہیں۔ حکومتیں خواہ وہ کسی بھی ملک کی ہوں، وہ اپنی نااہلی اور بے حسی پر پردہ ڈال رہی ہیں۔ یہ مضطرب کر دینے والی تقریر ہمارے لیے بھی اہم ہے۔ تھالی اور کٹورے بجانا اور گھروں کی روشنی جلانا بجھانا جیسے سرکاری ٹوٹکے، پھر اچانک لاک ڈاؤن، لاکھوں لوگوں کا بڑے شہروں سے سائیکل اور پیدل ہی ہزاروں کلومیٹر بھوک کے پیاسے طے کرنا، وینٹی لیٹر اور آکسیجن سلنڈروں کی کمی، غذاؤں اور ادویات کی عدم دستیابی وغیرہ وغیرہ کی یادوں کو پتہ نہیں کتنے لوگوں نے سنبھال رکھا ہے اور کتنوں نے الیکشن کے شور میں فراموش کر دیا ہے۔ پروفیسر یان لیانکے اپنی تقریر میں یہی بتا رہے ہیں کہ انسانی زندگی میں یادوں کا کیا فعال کردار ہوتا ہے اور جو قومیں اپنی یادیں سنبھال نہیں پاتیں، ان کا کیا حشر ہوتا ہے۔

پروفیسر یان لیانکے نے یہ تقریر 21 فروری 2020 کو ہانگ کانگ یونیورسٹی آف سائنس اینڈ ٹکنولوجی کی 'کریٹیو رائٹنگ' سے گریجویٹ ہونے والے طلبا کو دی، جس کا چینی سے انگریزی میں ترجمہ گریس چونگ نے کیا ہے۔ اور انگریزی سے ہندی یادویندر نے 'سمالوچن' کے لیے کیا ہے۔ زیرنظر اردو ترجمہ ہندی سے ہی کیا گیا ہے۔

یان لیانکے 1958 میں چین کے ایک گاؤں میں پیدا ہوئے، اور چین کے معاصر فکشن نگاروں

میں کافی معروف ہیں۔ ان کے کئی کہانیوں کے مجموعے اور ناول مختلف زبانوں میں شائع اور ترجمے ہو چکے ہیں جن پر انھیں کئی اعزازات سے بھی نوازا جا چکا ہے۔ انھیں چین کے سب سے بڑے اور باوقار 'لو شون' ، اور 'لاؤتشے' ایوارڈ سے نوازا جا چکا ہے اور 'فرانز کافکا پرائز' سمیت کئی عالمی سطح کے ادبی اعزازات کو بھی آپ حاصل کر چکے ہیں۔ وہ کئی بار مین بکر انٹرنیشنل پرائز کے لیے بھی سر فہرست دعویدار رہے ہیں۔ یان لیان کے، جو بھی چینی فوج میں پروپیگنڈا رائٹر رہ چکے ہیں، اپنے آزادانہ خیالات کی وجہ سے بار ہا اپنے ملک کے حکمرانوں کے غضب کا نشانہ بنتے رہے ہیں۔ ان کی کتابوں پر پابندی عائد کی گئیں اور ان پر ملک سے باہر سفر کرنے پر بھی پابندی لگائی گئی۔ ان کی مشہور کتابیں 'ڈریم آف ڈنگ ولیج' ، 'سر ودی پیپل' ، 'لینن کسیز' ، 'دی ایئرز' ، منتھس ، ڈیز' وغیرہ ہیں۔

پیارے طلبا!

یہ میرا پہلا ای لیکچر ہے۔ لیکن شروع کرنے سے پہلے میں تم لوگوں کو تھوڑا پیچھے لے جانا چاہتا ہوں ۔ جب میں چھوٹا تھا اور ایک ہی غلطی بار بار دہرایا کرتا تھا تو میرے والدین مجھے کھینچ کر اپنے سامنے کھڑا کرتے اور میری پیشانی کی طرف انگلی دکھا کر کہتے : تم اتنے بھلکڑ کیسے ہو گئے؟

جب میں تھوڑا بڑا ہوا تو چینی زبان کی کلاس میں کئی بار ایسا ہوتا تھا کہ میں سیکڑوں بار یاد کی ہوئی کوئی نظم یا کوئی دوسرا سبق نہیں سنا پاتا، پھر استاد مجھے کھڑا کر دیتے اور پوری کلاس کے سامنے کہتے : تم اتنے بھلکڑ کیسے ہو گئے؟

یاد رکھنے کی صلاحیت وہ مٹی ہے جس میں یادیں پنپتی ہیں۔ اس مٹی میں پیدا ہونے والے پھل یادیں ہیں۔ یادیں اور یاد رکھنے کی صلاحیت ہی انسانوں کو جانوروں یا پودوں سے الگ کرتی ہے۔ ترقی اور پختگی کے لیے یہ ہماری پہلی ضرورت ہے۔ کئی موقع پر میں یہ ماننے کو مجبور ہوتا ہوں کہ یہ کھانا کھانے، کپڑے پہننے یا سانس لینے سے بھی زیادہ ضروری ہیں۔ ایک بار جب ہم اپنی یادوں سے بچھڑ جائیں گے تو ہم یہ بھی بھول جائیں گے کہ کھانا کیسے کھایا جاتا ہے، یا کھیت میں ہل کیسے چلایا جاتا ہے۔ جب ہم صبح اٹھیں گے تو ہمیں یہ بھی یاد نہیں ہوگا کہ ہم نے پہننے والے کپڑے کہاں رکھے ہیں۔ ہمیں بھروسہ ہونے لگے گا کہ بادشاہ بنا کپڑوں کے ہوتا ہے تبھی خوبصورت نظر آتا ہے۔

لیکن آج میں ان باتوں کو کیوں یاد کر رہا ہوں؟ اس کی وجہ ہے کووڈ-19 ایک قومی اور عالمی وبا، جس پر ابھی تک صحیح معنوں میں قابو نہیں پایا جا سکا ہے، خاندان ابھی بھی یہاں وہاں بکھرے ہوئے ہیں اور پورے ہوبے'، ڈوہان اور دوسرے شہروں میں اب بھی دل دہلا دینے والی چیخیں سنائی دے رہی ہیں۔ حالانکہ یہ بھی صحیح ہے کہ چاروں طرف فتح کے گیت گونج رہے ہیں، کیونکہ اپنے موافق اعداد و شمار پیش کیے جا رہے ہیں۔ چاروں طرف لاشیں بکھری پڑی ہیں اور لوگ سوگ میں ڈوبے ہوئے ہیں، پھر بھی فتح کے گیت گائے جانے کو تیار ہیں اور لوگ یہ


فکری مزاحمت کے پہلو

اعلان کرنے کے لیے تیار بھی ہیں، ''اوہ، دیکھو ہمارے لوگ کتنے عقلمند اور عظیم ہیں!'' جب سے یہ کووڈ-19 ہماری زندگی میں آیا ہے، ہمیں بالکل نہیں معلوم کہ اس نے کتنی جانیں لے لیں، کتنے لوگ ہسپتالوں میں مرے اور کتنے ہسپتالوں کے باہر۔ اس افراتفری میں ہمیں کسی قسم کی تحقیقات کرنے اور اس بارے میں کسی سے کوئی سوال کرنے کا موقع ہی نہیں ملا، لیکن اس سے بھی بری بات یہ ہے کہ اس طرح کی تحقیقات اور سوالات وقت کے ساتھ ساتھ ختم ہو جائیں گے یا بھلا دیے جائیں گے اور ہمارے سامنے یہ حادثہ ہمیشہ ہمیشہ کے لیے ایک راز بن کر رہ جائے گا۔ آنے والی نسلوں کے لیے ہم زندگی اور موت کے میراث کے طور پر ایسا الجھا ہوا 'مکڑ جال' چھوڑ جائیں گے کہ کسی کی یادوں میں اس کی کوئی جگہ نہیں ہوگی۔ جب یہ وبا تھوڑی تھم جائے اور ہمیں سانس لینے دے تب ہمیں 'شیاننگ لین' چاچی (لوشون کے ناول میں ایک بیوقوف کسان کردار) جیسا برتاؤ نہیں کرنا چاہیے جو ہمیشہ یہ بات دہراتی تھیں:

'' مجھے یہ تو معلوم تھا کہ سردیوں کی برف باری میں جنگلی جانور گاؤں میں آ جائیں گے اور جھپٹا مار کر کسی کو بھی اٹھا کر لے جائیں گے کیونکہ اس وقت ان کے پاس پہاڑوں پر کھانے کے لیے کچھ نہیں ہوتا، لیکن مجھے اس کا تھوڑا بھی علم نہیں تھا کہ وہ بہار کے موسم میں بھی آ سکتے ہیں۔''

یا پھر ہمیں 'آ کیؤ' جیسا برتاؤ نہیں کرنا چاہیے۔ 'آ کیؤ' بھی لوشون کے ناول کا ایک کردار ہے جو اس خوش فہمی میں رہتا تھا کہ وہ بہت کامیاب اور دوسروں سے برتر ہے؛ اور بار بار مار کھانے پر، اور بے عزت ہونے کے باوجود اور یہاں تک کہ موت کے دہانے پر کھڑا ہو کر بھی چلا تار رہتا تھا کہ آخری جیت ہماری ہی ہوئی۔

ماضی میں اور حال میں بھی ایسا کیوں ہوتا رہا ہے کہ انسان، خاندان، معاشرہ، عہد یا ملک پر ایک کے بعد ایک آفت آتی رہی ہے۔ اور تاریخ کی یہ المناک ہولناکیاں ایک ایک کر کے ہزاروں لاکھوں عام لوگوں کو اپنا شکار بناتی رہیں۔ ان کے پیچھے لاتعداد وجوہات ہو سکتی ہیں جن کو ہم جانتے نہیں، جن کے بارے میں ہم تحقیقات نہیں کرتے یا جن کے بارے میں ہمیں ہدایت دی گئی ہے کہ کوئی سوال نہیں کرنا ہے (اور ہم ان پر بڑی شائستگی کے ساتھ سرخم کر کے عمل بھی کرتے ہیں) ان سب کے پیچھے صرف اور صرف ایک سچ ہے۔ انسان، جسے ہم سب اجتماعی روپ سے نسل انسانی کا نام دے سکتے ہیں، ہم سب چیونٹیوں کی طرح حقیر ہیں، اور ہم بھول جانے والے لوگ ہیں، یادوں کو پیچھے چھوڑ دینے والے لوگ۔

ہماری یادوں کو کنٹرول کیا جا رہا ہے، تبدیل کیا جا رہا ہے اور مٹایا بھی جا رہا ہے۔ ہم صرف یہ یاد رکھتے ہیں کہ دوسروں نے ہمیں کیا کیا یاد رکھنے کو کہا۔ اور بڑی معصومیت سے یہ بھول جاتے ہیں کہ بھول جانے کو کیوں کہاں گیا۔ جب ہمیں آنکھیں دکھائی جاتی ہے، ہم خاموش ہو جاتے ہیں، اور جب حکم دیا جاتا ہے تو زور زور سے گانے لگتے ہیں۔

اس زمانے میں یادیں ایک اوزار کی طرح ہو گئی ہیں جن سے اجتماعی اور قومی یادیں تخلیق کی جاتی ہیں۔ دھیان رہے یہ تخلیق انہیں سے مل کر بنتی ہے جنہیں ہمیں بھولنے کو کہا جاتا ہے یا یاد رکھنے کو کہا جاتا ہے۔



فکری مزاحمت کے پہلو

ایک مثال دیتا ہوں۔ میں ان پرانی کتابوں کی دھول بھری جلدوں کی بات نہیں کر رہا ہوں جو اب ماضی کا حصہ بن چکی ہیں بلکہ بالکل قریب کی، 20 سال پہلے کی، جو کچھ خاص حادثے ہوئے ہیں ان کو یاد کرتے ہیں۔ ویسے حادثات جو تمھاری طرح کے 80 اور 90 کی دہائی میں پیدا ہوئے نو جوانوں کے لیے ایک تجربہ ہے اور جن کے تجربہ کو تم یاد کر سکتے ہو جیسے ایڈز، سارس اور کووڈ 19 جیسی قومی آفات۔ یہ سبھی انسانوں کے پیدا کیے ہوئے سانحات ہیں؟ یا ایسی قدرتی آفات ہیں جن کے سامنے انسان کا کوئی زور نہیں چلتا جیسے تنگشان یا ونچوان کے تباہ کن زلزلے؟ کیا دونوں طرح کی آفات میں انسانی اسباب کو ایک جیسا سمجھا جا سکتا ہے؟ کیا یہ نہیں لگتا کی ۷ سال پہلے پھیلی سارس وبا میں اور ان دنوں کے کووڈ-19 کے پھیلنے کا طریقہ ایک ہی طرح کا ہے؟ کیا ان دونوں واقعات کا تھیٹر ڈائرکٹر ایک جیسا نہیں لگتا؟ 17 سالوں کے گزرنے کے بعد بالکل اسی طرح کا ہی حادثہ ہماری آنکھوں کے سامنے پھر سے دہرایا گیا ہے۔ انسان کے طور پر ہماری حیثیت ہی کیا ہے مٹی کے سوا؟ ہم اتنے ضدی اور نااہل ہیں کہ ڈرامے کے ڈائریکٹر کے بارے میں نہ جان سکیں، اور نہ ہی ہمارے پاس کوئی ایسی مہارت ہے جس سے اسکرپٹ رائٹر کے خیالات اور تصورات کے لنک کی گرفت کر سکیں۔

لیکن کیا جب آئندہ پھر سے ایک بار ہماری آنکھوں کے سامنے یہ موت کا ناٹک دہرایا جائے گا تو ہمیں اپنے آپ سے یہ سوال نہیں کرنا چاہیے کہ گزشتہ بار جب ایسا ہوا تھا تو اس وقت کی ہماری یادیں کہاں گم ہو گئیں؟ ہم ان کے بارے میں کیوں نہیں بات کرتے؟

کوئی تو ہوگا جس نے ہماری یادوں کو دھو پونچھ کر مٹا ڈالا، لیپ پوت کر سب کچھ صاف کر دیا۔ کون ہے وہ؟

سڑک پر، کھیت میں جو گندگی پڑی رہتی ہے، کوڑا کچرا پڑا رہتا ہے، یاداشت سے محروم لوگ وہی کوڑا کچرا ہیں۔ انھیں کچلتے ہوئے جوتے اپنی پسندیدہ سمت کی طرف تیزی سے بڑھتے جا رہے ہیں۔

یاداشت کے بغیر لوگ در حقیقت لکڑی کے ان کندوں اور تختوں کی طرح ہوتے ہیں جو اس درخت کو بھول جاتے ہیں جس نے انھیں پیدا کیا، زندگی دی۔ دھیان رکھو، ایسے لوگوں کی زندگی پر کلھاڑیوں اور آریوں کا مکمل اختیار ہوتا ہے اور ان کے مستقبل کا یہی فیصلہ کرتے ہیں۔

اگر ہم لکھنے پڑھنے سے پیار کرنے والے لوگ، زندگی کو ایک معنی دینے والے لوگ اپنی یادوں سے منھ موڑ لیں، خواہ وہ زندگی کی یادیں ہوں یا سانحوں کی، تو پھر لکھنے کا مطلب ہی کیا رہ جاتا ہے؟ پھر ادب کی قدر کیا رہ جائے گی؟ ایسے میں کسی بھی معاشرے کو ادیبوں کی کیا ضرورت ہے؟ آپ کی بے پناہ محنت اور لگن سے تیار ہونے والا ادب اور بے شمار کتابیں کٹھ پتلیوں سے مختلف کیسے سمجھی جا سکتی ہیں جب ان کے لکھنے کے مواد اور اسلوب کو کوئی اور کنٹرول کر رہا ہو؟ اگر رپورٹر اپنی رپورٹس میں جو دیکھتے ہیں وہ نہیں لکھیں، تخلیق کار اپنی یادوں اور احساسات کو اپنی تخلیق میں جگہ نہ دیں اور عام لوگ ہمیشہ گیت کے انداز میں سیاسی درستگی کا ڈھول بجاتے رہیں تو

فکری مزاحمت کے پہلو

97

ہم گوشت اور خون سے بھرے ہوئے انسانوں کو زمین پر آ کر جینے کا مقصد بھلا کون بتائے گا؟

تصور کرو کہ 'فانگ فانگ' جیسے مصنف ُوہان میں موجود نہ ہوتے تو کیا ہوتا؟ انھوں نے اپنی ڈائری ،اپنے قلم، ذاتی یادیں اور احساسات کسی کے دباؤ میں آ کر تاریخ میں درج کرنے سے روکا نہیں۔

ایسا نہیں ہے کہ فانگ فانگ ہی ایسا کرنے والی اکلوتی انسان ہیں بلکہ ان کی طرح لاکھوں لوگ ہیں جو اپنے موبائل کے ذریعے مصیبت میں مدد کی گزارش کرتے رہے لیکن ہم نے کیا سنا؟ کیا دیکھا؟

کبھی کبھی ایسا ہوتا ہے کہ ہمارے زمانے کے بے مثال طوفان میں ہماری یادیں فالتو جھاگ، سرکش لہر اور شور بول کر نظر انداز کر دی جاتی ہیں؛ نتیجتاً وقت کی تیز رفتار ان آوازوں کو، ان لفظوں کو کچلتی ہوئی، مٹاتی ہوئی آگے بڑھ جاتی ہے۔ لگتا ہے جیسے ان کا وجود کبھی تھا ہی نہیں۔ جیسے جیسے وقت آگے بڑھتا ہے، سب کچھ دھندلا اور غائب ہو جاتا ہے۔ ہماری سانس، ہمارا خون، ہمارا جسم، ہماری روح، سب غائب ہو جاتے ہیں حالانکہ بظاہر ایسا لگتا ہے جیسے سب کچھ بالکل ٹھیک چل رہا ہے۔ ایسے وقت میں وہ چھوٹا سا سہارا بھی کہیں نظر نہیں آتا جس سے ٹوٹتی ہوئی دنیا کو سہارا دے کر دوبارہ کھڑا کیا جا سکے۔ تب تاریخ ایسے افسانوں، بھولی بسری اور خیالی کہانیوں کا مجموعہ بن جاتی ہے جن کی نہ کوئی حقیقت ہوتی ہے اور نہ کوئی بنیاد۔ اس نظریے سے دیکھو تو سمجھ آئے گا کہ کتنا ضروری ہے ہمارے اردگرد رونما ہونے والے اہم واقعات کو یاد رکھنا اور اپنی یادوں کو بغیر کسی مداخلت کے حقیقی شکل میں محفوظ رکھنا۔

جب بھی ہم چھوٹے سے چھوٹا سچ بھی بولیں گے تو ہمیں انھیں یادوں کے ذخیرے سے سچائی اور ثبوت کی بنیاد ملے گی۔ تخلیقی تحریر کے طالب علموں کے لیے یہ چیز اور بھی اہم ہو جاتی ہے۔ تم میں سے اکثر لوگ اپنی زندگی لکھنے، سچائی کی تلاش اور یادوں سے پردہ اٹھانے کے خواب دیکھتے ہیں۔ اس دن کا تصور کرو جب ہم جیسے لوگ بھی اپنی بچی کھچی صداقت اور یادیں کھو بیٹھیں گے۔ تو پھر کیا اس دنیا میں کسی قسم کی ذاتی یا تاریخی صداقت اور سچائی کے زندہ رہنے کی کوئی امید باقی رہے گی؟

چلو مان لیتے ہیں کہ ہماری یادداشت کی صلاحیت اور ذخیرہ شدہ یادیں دنیا یا اس کی حقیقت کو بدلنے میں کوئی کردار ادا نہیں کر سکتیں، لیکن جب ہم مرکزی اور کنٹرول شدہ 'سچائی' کے سامنے کھڑے ہوتے ہیں تو ہم یہ نتیجہ تو نکال ہی سکتے ہیں کہ کہیں نہ کہیں کسی چیز پر پردہ ڈالا گیا ہے، یا کچھ ایسا ضرور ہے جو چھوٹ رہا ہے۔ ہمارے اندر کتنی بھی مدھم آواز ہو لیکن وہ بولے گی ضرور: 'یہ سچ نہیں ہے۔' کووڈ-19 کو ہی لے لیں تو جب حالات بہتر ہوں گے تب بھی ہمیں انسانوں کے، خاندانوں کے اور حاشیہ پر دھکیل دیے گئے لوگوں کی چیخیں سنائی دیں گی، چاہے باہر کتنا بھی زوردار جشن اور فتح کی خوشی کا تماشا کیا جا رہا ہو۔

یادیں دنیا بدل نہیں سکتیں لیکن حقیقت میں ہمیں بہادر بناتی ہیں، ہمیں حوصلہ دیتی ہیں۔

بہت ممکن ہے کہ یادیں ہمیں حقیقت کو بدلنے کی طاقت سے لیس نہ کر پائیں لیکن جب جھوٹ سے ہمارا آمنا سامنا ہوگا تو ہمارے دلوں میں سوالات ضرور اُبھریں گے۔ جب مستقبل میں ہمارے سامنے کسی نئے دن



فکری مزاحمت کے پہلو

دوسرا 'گریٹ لیپ فارورڈ' مہم آ کر کھڑا ہو جائے گا تو کم سے کم اپنی بنیادی دانش کی وجہ سے ہم سمجھ تو پائیں گے کہ نہ تو ریت سے لوہا بنایا جا سکتا ہے اور نہ ہوا سے غذا۔ اسی طرح اگر 'ثقافتی انقلاب' کا کوئی اور ورژن ہمارے سامنے آ کھڑا ہو تو ہم اتنا تو طے کر ہی سکیں گے کہ ہمیں اپنے والدین کو نہ تو جیل میں ڈالنے دینا ہے اور نہ ہی پھانسی پر چڑھنے دینا ہے۔

پیارے طالب علمو! ہم سبھی آرٹس کے طالب علم ہیں اور اپنی زندگی زبان کے ذریعے حقیقت اور یادوں سے جڑے رہ کر گزارنے کو تیار ہیں۔ اب ہم تھوڑی دیر کے لیے اجتماعی یا قومی یا نسلی یادوں کی بات چھوڑ کر صرف اپنی ذاتی یادوں پر بات کرتے ہیں۔ تاریخ گواہ ہے کہ قومی اور اجتماعی یادیں ہمیشہ ہماری ذاتی یادوں پر اپنی لمبی چادر بچھا دیتی ہیں اور بالآخرہ اسے اپنی طبیعت کے مطابق بدل دیتی ہیں۔ اب آج کے اس دور میں جب کووڈ-19 پوری طرح سے زندہ ہے اور ہماری یاداشت کا حصہ نہیں بنی ہے، تو بھی ہمیں چاروں طرف سے فتح کے گیت اور خوشی کے ڈھول کی بلند آوازیں سنائی دے رہی ہیں۔ اس پس منظر میں، میں امید کرتا ہوں کہ آپ میں سے ہر ایک نوجوان اور ہم سب جنھوں نے کووڈ-19 کے سب سے ہولناک ننگے ناچ کا مشاہدہ کیا ہے، ان انسانوں کی طرح برتاؤ کریں گے جن کی یادیں ابھی تک مٹائی نہیں گئی ہیں، جن کے بنیادی وجود ہی میں یادوں سے پھوٹ کر نکلی یادیں زندہ ہیں۔

امید ہے کہ مستقبل قریب میں ہم کووڈ-19 پر فتح کی یاد منانے کے لیے موسیقی اور گانوں کی خوشی میں پورے ملک کو رقص کرتے دیکھیں گے۔ مجھے امید ہے کہ ان کھوکھلے قلم کاروں کی طرح ہم باہر بجنے والے ڈھول کی بازگشت اور سائرن نہیں بنیں گے بلکہ ان لوگوں کی طرح برتاؤ کریں گے جو پوری سچائی کے ساتھ اپنی یادوں کو سنبھالے اپنی زندگی گزارر ہے ہیں۔

جب یہ میلہ اپنے زوروں پر ہو گا تو ہم اسٹیج پر ادا کاروں کے طور پر اپنا کردار ادا نہیں کریں گے اور نہ ہی ہم سامعین میں شامل ہو کر گرج دار آواز کے ساتھ تماشے کا استقبال کریں گے۔ اگر ہمیں اسٹیج پر جانا ہی پڑا تو ہم کسی کونے میں ڈبڈبائی آنکھوں کے ساتھ چپ چاپ اداس کھڑے رہیں گے۔ اگر ہماری قابلیت، ہمت اور ذہنی قوت ہمیں فانگ فانگ جیسا مصنف نہیں بناتی تو کم از کم ہم ان لوگوں میں قطعی شامل نہیں ہوں گے جو فانگ فانگ کا مذاق اڑاتے ہیں اور ان کی سچائی پر شک کرتے ہیں۔ فتح کا جشن منانے کے بعد اگر ہم امن اور خوشحالی کی بلندیوں کو حاصل کر لیں، تب بھی ہم خواہ بلند آواز میں کووڈ-19 کی ابتدا اور پھیلاؤ کے بارے میں سوال نہ بھی کر پائیں لیکن دھیمی آواز یا سرگوشی میں سوالات ضرور پوچھیں گے۔ یہ بھی ہمارے ضمیر اور ہمت کی بقا کی علامت ہے۔

آشوٹز کنسنٹریشن کیمپ کے بعد نظمیں لکھنا یقیناً ایک ظالمانہ فعل تھا لیکن اگر ہم اس ظلم کو اپنے الفاظ سے، اپنی گفتگو سے، اپنی یادوں سے مٹا دیں، تو یہ اس سے بھی زیادہ وحشیانہ کام ہو گا؛ کہیں زیادہ ظالمانہ اور خوفناک۔

اگر ہم ’لائی وین لیانگ‘ کی طرح ’سیٹی بجانے والا‘ نہیں بن سکتے تو کم از کم سیٹی سن کر ہوشیار ہو جانے والا انسان تو ہمیں بننا ہی چاہیے۔

اگر ہم بلند آواز میں اپنے خیالات کا اظہار نہیں کر سکتے تو کم از کم سرگوشی میں تو ضرور کہیں۔ اگر ہم سرگوشی کر کے بھی اظہار نہیں کر سکتے تو کم از کم ایسے انسان ضرور بنیں جنھوں نے خاموشی سے کھڑے ہو کر اپنی یادوں محفوظ کر رکھی ہیں۔ کووڈ۔19 کے آغاز، اس کے قتل عام اور اس کے پھیلنے کے تجربات کو اپنے اندر حفاظت سے رکھیں اور جب اس وبا کو شکست دینے کا جشن ہر طرف سڑکوں کے چوراہوں پر منایا جائے، کورس میں نغمہ گاتے ہوئے جلوس نکا لے جائیں تو ہمیں خاموشی سے سر جھکا کر کنارے کھڑا ہو جانا چاہیے۔ ہم دراصل وہ لوگ ہیں جن کے ذہنوں میں ان گنت قبریں کھدی ہوئی ہیں، اموات کی دلخراش یادیں ہمارے ذہنوں پر نقش ہیں۔ ہم یہ تمام باتیں بھولے نہیں ہیں اور ایک نہ ایک دن ایسا آئے گا جس میں ہم یہ تمام یادیں ایک وراثت کے طور پر آنے والی نسلوں کے حوالے کر کے اس دنیا سے کوچ کر جائیں گے۔

[ بشکریہ ’سمالوچن‘، 6، مئی 2020 ]

# سامراج، تعلیم اور مزاحمت

شاہد صدیقی

سامراج کی ساری تاریخ ظلم اور زبردستی سے عبارت ہے۔ نوآبادیات پر قابو پانے کے لیے کہیں لالچ اور کہیں جبر کے ہتھکنڈے استعمال کیے گئے۔ برطانوی حکمرانی کے تحت ہندوستان کا منظرنامہ بھی اس سے مختلف نہیں تھا جہاں استعمار نے ایک طرف جابرانہ طریقوں سے اختلافِ رائے کو ختم کیا اور دوسری طرف متعصّبانہ تعلیم اور زبان کی پالیسیاں نافذ کر کے ذہنوں کو غلام بنانے کی کوشش کی گئی۔ غلامی کے اس عمل میں تعلیم کا کیا کردار ہو سکتا ہے؟ تعلیم کا رجعت پسندانہ تصور یہ تھا کہ تعلیم غیر فعال (Passive)، غیر جانبدار (Neutral) اور غیر سیاسی (Apolitical) ہے لیکن تعلیم کا عصری تصور ہمیں بتاتا ہے کہ تعلیم کا براہِ راست تعلق سیاست اور طاقت کے ساتھ ہے۔ تاریخ پر نظر ڈالیں تو معلوم ہوتا ہے، سامراجی طاقتیں تعلیم اور زبان کو ہر دور میں ذہنی تسخیر اور بالادستی کے عمل میں ایک مؤثر ہتھیار کے طور پر استعمال کرتی رہی ہیں۔ تعلیم ذہنوں کو کیسے مسخر کرتی ہے اس کے لیے ہمیں اطالوی دانش ور انتو نیو گرامچی کی کتاب The Prison Notebook سے رجوع کرنا ہوگا۔ یہ کتاب جو گرامچی نے اپنے ایامِ اسیری میں لکھی تھی، بالادستی (Hegemony) کے تصور پر بحث کرتی ہے۔ گرامچی کے مطابق بالادستی کے لیے پولیٹیکل سوسائٹی اور سول سوسائٹی دونوں اپنا کردار ادا کرتی ہیں لیکن ان دونوں کا طریقہ کار مختلف ہے۔ پولیٹیکل سوسائٹی بالادستی کے حصول کے لیے طاقت کا استعمال کرتی ہے لیکن سول سوسائٹی طاقت کے استعمال کے بغیر ذہنوں کو تسخیر کرتی ہے۔ سول سوسائٹی کے ذریعہ بالادستی کا عمل لطیف انداز میں ہوتا ہے اور ذہنوں کو اس طرح سے کنٹرول کیا جاتا ہے کہ نوآبادیاتی گروہ غلام بننے کے لیے بے ساختہ رضا مندی (Spontaneous Consent) دے دیتا ہے۔ اس طرح تعلیم ذہنوں پر قابو پانے کا ایک مضبوط ذریعہ بن جاتی ہے۔ اس ذہنی تسخیر کے عمل میں سماجی ادارے اور سماجی علوم اہم کردار ادا کرتے ہیں۔ ان علوم میں تعلیم کا مرکزی کردار ہے جو ذہن سازی میں اہم کردار ادا کرتی ہے۔ یوں تعلیم اور تعلیمی ادارے سول سوسائٹی کے



فکری مزاحمت کے پہلو

مؤثر ہتھیار کے طور پر لوگوں کے ذہنوں کی تسخیر کرتے ہیں اور تسلط کے عمل میں سامراج کا ساتھ دیتے ہیں۔ یوں تعلیم ایک متحرک (Vibrant) اور سیاسی تصور کے طور پر سامنے آتی ہے جو خیالات کی تشکیل اور ذہنوں کی تسخیر کا اہم ذریعہ بنتی ہے۔

ہندوستان میں فرنگی اقتدار نے جہاں جبر کے ہتھکنڈوں سے جسم تسخیر کیے، وہیں تعلیم کے ذریعے لوگوں کو ذہنی غلامی کے جال میں پھنسایا گیا۔ ایک مربوط طریقے سے لوگوں کو یہ باور کرایا گیا کہ انگریزی تہذیب، تمدن، تعلیم اور زبان سب باقی تہذیبوں اور زبانوں سے برتر ہے۔ یہ احساسِ برتری عموماً اس طاقت کی دین ہوتی ہے جو اپنی پوزیشن کی وجہ سے زور آور گروہوں اور طاقت ور سامراج کے پاس ہوتی ہے، جس کی بدولت وہ اپنے آپ کو اس مقام پر فائز کر لیتے ہیں جہاں سے انھیں ساری دنیا ہیچ نظر آتی ہے۔ اس کا ایک مظاہرہ ہم لارڈ میکالے کی تجویز میں دیکھ سکتے ہیں۔ آیئے دیکھتے ہیں میکالے نے برطانوی نمائندے کی حیثیت سے نوآبادیات کے لیے تعلیم کا کیا وژن پیش کیا۔ اس تحریر کا تجزیہ ہمیں بتاتا ہے کہ سامراجی طاقتیں تعلیم کو اپنے مقاصد کے لیے کیسے استعمال کرتی ہیں۔ میکالے کی تجویز کا نچوڑ اس کی تحریر کا وہ حصہ ہے جس میں وہ لکھتا ہے؛ ہمیں فی الحال ایک ایسی کلاس تشکیل دینے کی پوری کوشش کرنی چاہیے جو ہمارے اور ان لاکھوں افراد (عام ہندوستانیوں) کے درمیان ترجمان کا کام کر سکے جن پر ہم حکومت کرتے ہیں۔ ایک ایسے طبقے کی تشکیل جس کے افراد اپنے خون اور رنگت میں تو ہندوستانی ہوں، لیکن پسند نا پسند، رائے، اخلاق اور دانش کے لحاظ سے انگریز ہوں۔ میکالے کے اس وژن پر مبنی ہندوستان میں نیا تعلیمی نظام معرضِ وجود میں آیا جس کا بنیادی مقصد فرمانبردار لوگوں کا ایک ایسا گروہ تیار کرنا تھا جو ذہنی طور پر غلام ہو، جو ہر عمل میں حکومتِ وقت کا ساتھ دے اور جو تصور میں بھی اختلافِ رائے کی جرأت نہ کر سکے۔

معروف دانش ور ایڈورڈ سعید اپنی کتاب "کلچر اینڈ امپیریل ازم" (Culture and Imperialism) میں لکھتے ہیں کہ دنیا کی تاریخ میں سامراج کو ہمیشہ مزاحمت کا سامنا کرنا پڑتا ہے؛ البتہ اس مزاحمت کی نوعیت دنیا کے مختلف حصوں میں مختلف ہو سکتی ہے۔ برطانوی ہندوستان میں قوم پرستی کے جذبات اس وقت بیدار ہوئے جب انیسویں صدی میں برطانوی راج اور اس کی آمرانہ پالیسیوں نے ہندوستان کے معاشی، تعلیمی اور ثقافتی نظام کی جڑوں کو کھوکھلا کرنا شروع کر دیا۔ ایسٹ انڈیا کمپنی نے اپنی معاشی پالیسیوں کے ذریعے کسانوں پر بھاری ٹیکس عائد کرنا شروع کر دیے۔ مقامی کاریگروں کو بے روز گار کر دیا گیا۔ انگلستان کی فیکٹریوں میں مصنوعات تیار کی گئیں اور ہندوستان کو خام مال کے ایک بھرپور ذریعے کے طور پر استعمال کیا گیا۔ متعدد کسانوں کو مجبور کیا گیا کہ وہ اپنا پیشہ ترک کر دیں اور اپنی روزی کمانے کے دوسرے طریقے تلاش کریں۔ ان جابرانہ معاشی پالیسیوں کے ساتھ ساتھ برطانوی حکمرانوں کے ظالمانہ سیاسی ڈھانچے نے بھی لوگوں کا جینا مشکل بنا دیا تھا۔ ایسے میں انگریزوں نے ایک نیا نظام تعلیم متعارف کرایا جو مقامی تعلیم کے نظام سے بالکل مختلف تھا۔ فارسی جو عدالتوں کی زبان تھی کو نشانہ بنایا گیا اور انگریزی زبان کو سرکاری ملازمتوں اور معاشرتی حیثیت کے لحاظ سے بہت

ساری مراعات کے ساتھ متعارف کرایا گیا۔ انگریزوں نے اپنی ثقافت، زبان، ادب، نظامِ تعلیم اور طرزِ زندگی کو خوش نما رنگوں میں پیش کیا اور ہندوستان کی ثقافت، زبان، ادب اور طرزِ زندگی کو کم تر دکھانے کے لیے سامراجی ہتھکنڈوں کا استعمال کیا۔

برطانوی سامراج کا مقابلہ کرنے کے لیے ہندوستانیوں نے مزاحمت کے جن مختلف طریقوں کو اپنایا، ان میں سے ایک طریقہ تعلیم کے ذریعے مزاحمت کا تھا۔ یہاں یہ بات اہم ہے کہ جس طرح تعلیم بالادستی کے حصول کے لیے استعمال ہوتی ہے اسی طرح اسے مزاحمت کے لیے بھی استعمال کیا جاتا ہے۔ ہندوستان میں مقامی لوگوں نے بھی تعلیم کو برطانوی راج کے خلاف مزاحمت کے ایک طاقتور ہتھیار کے طور پر استعمال کیا۔

برطانوی ہندوستان میں بہت سے قوم پرست رہنماؤں نے برطانوی سامراج کے خلاف مزاحمت کے لیے تعلیم کو استعمال کیا۔ یہ قومی رہنما تعلیم کے ذریعے ہندوستان کو غیر ملکی حکمرانی سے آزاد کرنے پر یقین رکھتے تھے۔

دارالعلوم دیوبند کو مولانا قاسم نانوتوی اور ان کے ساتھیوں نے 1867 میں قائم کیا تھا۔ دہلی میں، جامعہ ملیہ اسلامیہ جوہر برادران نے قائم کیا۔ گاندھی نے متعدد اسکول بنائے اور" نئی تعلیم' کے تصور کو مقبول بنایا۔ بنگال میں ٹیگور نے شانتی نکیتن اسکول کی بنیاد رکھی۔ لاہور میں لالہ لاجپت رائے نے نیشنل کالج کا آغاز کیا۔ ادھر سرحدی صوبے میں، حاجی صاحب تورنگ زئی اور خان عبدالغفار خان نے آزاد مدرسہ کے نام سے متعدد اسکول قائم کیے۔ ان سب تعلیمی اداروں میں کچھ امتیازی خصوصیات تھیں۔ ان امتیازی خصوصیات میں ان اداروں کے نصاب، اساتذہ، طریقۂ تدریس اور تعلیم کے مقاصد شامل تھے۔ ان تمام تعلیمی اداروں کا مقصد اپنے ملک اور مقامی تہذیب سے محبت، مقامی زبانیں کی ترویج، ہندوستان کو غیر ملکی حکمرانی سے آزاد کروانے کی خواہش اور اپنے صلاحیتوں پر اعتماد کو فروغ دینا تھا۔ ان اداروں سے ایسے طلبا پیدا ہوئے جنھیں اپنی ثقافت اور ملک پر فخر تھا اور جنھوں نے فرنگیوں سے ہندوستان کی آزادی میں اپنا بھرپور حصہ ڈالا تھا۔ مستقبل میں جب بھی انگریزی سامراج کے خلاف ہندوستان کی مزاحمت کی تاریخ لکھی جائے گی، ان تعلیمی اداروں کا تذکرہ سنہری حروف میں ہوگا جنھوں نے استعمار کے مقابل تعلیمی مزاحمت کی روشن روایت قائم کی۔

[بشکریہ روزنامہ دنیا، کراچی، 27 فروری 2021]

# فلاحی، فاشسٹ، ہائبرڈ اور چھجوری ریاست کا فرق

وسعت اللہ خان

فلاحی ریاست کا مطلب ہے وہ ملک جس کی چار دیواری میں آباد ہر طبقے کو نسل و رنگ و علاقے و عقیدے و جنس کی تمیز کے بغیر بنیادی حقوق اور مساوی مواقع میسر ہوں تا کہ وہ اپنی انفرادی و اجتماعی اہلیت کے مطابق بلا جبر و خوف و خطر مادی و ذہنی ترقی کر سکے۔

فلاحی ریاست کا یہ مطلب ہرگز نہیں کہ وہ ملک جس کی چار دیواری میں آباد پہلے سے مراعات یافتہ طبقات اپنے سے کمزوروں کے بنیادی حقوق اور مساوی مواقع فراہم کرنے والے راستے پامال کرتے ہوئے محض اپنے تحفظ اور فلاح پر دھیان دیں اور نہ صرف اپنا حال بلکہ اپنی نسلوں کا سیاسی، سماجی و معاشی مستقبل ریاستی وسائل و مشینری کو استعمال میں لاتے ہوئے محفوظ رکھ سکیں۔

فاشسٹ ریاست وہ ہوتی ہے جہاں ایک گروہ، ادارہ یا تنظیم اندھی قوم پرستی کا جھنڈا بلند کر کے اقلیتی گروہوں، نسلوں اور تنظیموں کو اکثریت کے بوجھ تلے دبا کے اس اکثریت کو بھی اپنا نظریاتی، معاشی و سماجی غلام بنانے کے باوجود یہ تاثر برقرار رکھنے میں کامیاب ہو کہ ہم سب سے برتر مخلوق ہیں لہٰذا ہمیں کم تروں پر آسمانوں کی جانب سے حاکم مقرر کیا گیا ہے۔ وقت کی امانت ہمارے ہاتھ میں ہے جہاں ہم کھڑے ہوں گے لائن وہیں سے شروع ہوگی۔ ہمارا حکم ہی قانون ہے۔ جو نہ مانے وہ غدار ہے۔

فاشسٹ ریاست کے قیام کے لیے جو لیڈرشپ درکار ہے اسے مکمل سفاکی کے ساتھ سماج کو اپنی سوچ کے سانچے میں ڈھالنے کے لیے فطین دماغوں کی ضرورت ہے جو تاریخ اور جغرافیے کی سچائیوں اور سماجی حقائق کو جھوٹ کے سنہری قالب میں ڈھال کے بطور سچ بیچ سکیں۔

فاشسٹ ریاست قائم رکھنا بچوں کا کھیل نہیں۔ اس کے لیے ضروری ڈسپلن، یکسوئی اور نظریے سے غیر

مشروط وفادار کارکنوں وفدائین کی ضرورت ہوتی ہے جو اس مشن کو مقدس مشن کی طرح پورا کر سکیں اور اپنی انفرادی زندگیوں کو اجتماعی ہدف کے حصول کی راہ میں قربان کرنے کا حوصلہ رکھ سکیں۔

فاشسٹ ریاست محض فاشسٹ بننے کے شوق سے یا موقع پرستوں کے ہاتھوں تشکیل نہیں پا سکتی۔ اس کے لیے مسلسل مستعد رہنے کے ساتھ ساتھ انتھک محنت اور لومڑ و گرگٹ کی صفات سے مالا مال مرکزی و ذیلی قیادت درکار ہے۔

دلال ریاست وہ کہلاتی ہے جو اپنے جغرافیے اور افرادی قوت و صلاحیت کو بطور جنس دیکھے اور انا و غیرت و ثابت قدمی و اصول پسندی جیسی فضول اقدار بالائے طاق رکھتے ہوئے اپنے رویے میں اتنی لچک دار اور اس رویے کی پیکیجنگ اور مارکیٹنگ میں اتنی ماہر ہو کہ ہر کوئی اسے اپنی ضرورت سمجھ کے خریدنا یا حسبِ ضرورت دہاڑی، ماہانہ، سالانہ کرائے پر لینا یا کسی خاص اسائنمنٹ کا کنٹریکٹ کرکے استعمال کرنا چاہے۔

لیفٹ رائٹ کے سب ممالک اور بین الاقوامی ادارے اور اتحاد دلال ریاست کو اپنے کام کی شے سمجھیں اور وہ اپنے متمول گاہکوں کی چھوٹی سے چھوٹی ضرورت بھی خوش اسلوبی سے پوری کرنے کی کوشش کرے اور اس کے عوض اپنے تحفظ کی ضمانت، داد تحسین اور 'ویل' سے جھولی بھرتی رہے۔ خود بھی ہر طرح کے حالات میں خوش اور مست رہے اور گاہکوں کو بھی خوش رکھے۔

ہائبرڈ ریاست دراصل ریاست کے روپ میں ایک ایسی لیبارٹری ہوتی ہے جہاں ہر طرح کے سیاسی، سماجی، معاشی و اسٹریٹجک تجربات کی سہولت میسر ہو۔ یہ تجربات جانوروں پر ہوں یا انسانوں پر۔ اس سے ریاست کے پرو پرائٹرز کو کوئی مطلب نہیں۔ بس انھیں اس لیبارٹری سے اتنی آمدن ہونی چاہیے کہ خرچہ پانی چلتا رہے۔ صرف اتنی پابندی ہوتی ہے کہ کوئی ایسا خطرناک تجربہ نہ کرے کہ لیب ہی بھک سے اڑ ہی جائے۔ باقی سب جائز اور مباح ہے۔

ایک چھچھوری ریاست بھی ہوتی ہے جو تھوڑی سی فاشسٹ، ذرا سی جمہوری، قدرے دلال صفت، کچھ کچھ نرم خو، غیرت و حمیت کو خاطر میں لانے والی چھٹانک بھر صفات کا ملغوبہ ہوتی ہے۔ تن و توش ایک بالغ ریاست جتنا ہی ہوتا ہے۔ مگر حرکتیں بچکانہ ہوتی ہیں۔

مثلاً چلتے چلتے اڑنگا لگا دینا، اچھے خاصے رواں میچ کے دوران کھیلتے کھیلتے وکٹیں اکھاڑ کے بھاگ جانا، راہ چلتے سے بلاوجہ یا کسی معمولی وجہ کے سبب بھڑ جانا، چھوٹے سے واقعہ کو واویلا مچا کے غیر معمولی دکھانے کوشش کرنا اور کسی غیر معمولی واقعہ کو بالکل عام سا سمجھ کے نظر انداز کر دینا، کسی طاقتور کا غصہ کسی کمزور پر نکال دینا۔

لاغر کو ایویں ای ٹھڈا مار دینا اور پہلوان کو تھپڑ ٹکا کے معافی مانگ لینا۔ اچانک سے یا بے وقت بڑھکیں مارنے لگنا اور جوابی بڑھک سن کر چپ ہو جانا یا یہ کہہ کے پنڈ چھڑانے کی کوشش کرنا کہ 'پائی جان میں تے مذاق کر رہیا سی۔ تسی تے سدھے ہی ہو گئے ہو'


فکری مزاحمت کے پہلو

جب کسی فرد، نسل، قومیت، گروہ یا ادارے کو مدد اور ہمدردی کی اشد ضرورت ہو تو اس سے بیگانہ ہو جانا اور جب ضرورت نہ ہو تو مہربان ہونے کی اداکاری کرنا۔ دوسروں کی دیکھا دیکھی بدمعاشی کا شوق رکھنا مگر تگڑا سامنے آ جائے تو اس سے نپٹنے کے لیے اپنے بچوں یا شاگردوں کو آگے کر دینا یا اس پاس کے معززین کو بیچ میں ڈال کے معاملہ رفع دفع کروا لینا۔

اپنے ہی بچوں کا کھانا چرا لینا اور گالیاں کھانے کے بعد بچا کھچا واپس کر دینا۔ سو جوتے کھانا ہیں یا سو پیاز، اسی کشش و کنج میں مبتلا رہنا۔ اکثر عالمِ جذب میں اپنے ہی سر پر اپنا ہی ڈنڈا بجا دینا اور گومڑ پڑنے کی صورت میں تیرے میرے سے پوچھتے پھرنا کہ میرے سر پے ڈنڈا اس نے مارا؟

جہاں دلیل سے مسئلہ حل ہو سکتا ہو، وہاں سوٹا گھما دینا اور جہاں سوٹے کی ضرورت ہو وہاں تاویلات کو ڈھال بنا لینا۔ ان سب کے باوجود اپنے تئیں خود کو ذہین ترین اور چالاک سمجھتے رہنا۔

چھچھوری ریاست خود بھی نہیں جانتی کہ اگلے لمحے اس سے کیا سرزد ہونے والا ہے۔ چنانچہ ایسی ریاست پر نہ رعایا کو اعتبار ہوتا ہے اور نہ گلوبل ولیج سنجیدگی سے لیتا ہے۔ اس کی حیثیت وہی ہو جاتی ہے جو مادے کی ہوتی ہے، یعنی سائنسی تعریف کے اعتبار سے مادہ اس عنصر کو کہتے ہیں جو بس جگہ گھیرتا ہو اور وزن رکھتا ہو۔

ہم ان مندرجہ بالا ریاستوں میں سے کس طرح کی ریاست کے مکین ہیں، یہ آپ جانیں اور آپ کو ہنکانے اور چلانے والے یا پھر الیکٹڈ و سلیکٹڈ جانیں، میرے جیسا ہومیو پیتھک آدمی کیا جانے۔

[بشکریہ 'ہم سب'، 29 جنوری 2024]

# اشعر نجمی کی مرتب کردہ دیگر کتابیں

ہندوستانی مسلمان اور اسلام

ہندوستانی مسلمانوں کے نئے عذاب

ہندوستانی مسلمانوں کا مزاج

ہندوستانی مسلمانوں کی آبادی

نیا ہندوستان نیا قانون شہریت

ہندوستانی مسلمانوں کی تعلیمی صورت حال

# اشعر نجمی کی مرتب کردہ دیگر کتابیں

ہندوستانی سیاست میں مسلمانوں کی حصہ داری

ہندوستان میں مسلمانوں کی معاشی صورت حال

انڈین مسلم پرسنل لاء اور یونیفارم سول کوڈ

آل انڈیا وقف بورڈ اور قومی میراث کا قضیہ

ہندوستان میں مسلم عورتوں کے چیلنجز

# اشعر نجمی کی مرتب کردہ دیگر کتابیں

ادبی مزاحمت کا نیا پیش لفظ

مزاحمتی نظمیں (انتخاب و ترجمہ)

مزاحمتی فکشن (انتخاب و ترجمہ)

فکری مزاحمت کے پہلو

ثقافتی مزاحمت اور معاشرہ

# تین ناول

اس نے کہا تھا

صفر کی توہین

جوکر


اشعر نجمی